社會民主是什麼

What is Social Democracy?
A book about Ideas and Challenges

瑞典的實踐與挑戰

英瓦爾·卡爾松 *Ingvar Carlsson*、安-瑪麗·林格倫 *Anne-Marie Lindgren*——著
蔡培元——譯

CONTENTS

出版緣起

台灣勞工陣線從一九八四年成立以來，就一直以勞工的力量、進步社會的力量、進步學術的力量來追求每個工作人的經濟正義，以及整個國家的社會正義，來達到政治民主、經濟民主與產業民主三大核心目標，也就是以達成「社會民主」的社會而努力。

不管是在醫療健保、勞動保護、退休保障、就業保險、工會自主、稅制改革、司法改革等重大社會議題上，勞陣無不站在去商品化、社會團結、平等無歧視、自由人權等社會民主精神為基礎，來進行社會工程的改革。推動社會民主理念在台灣生根普及是勞陣的核心工作價值。因此，如何以簡單易懂的文字，讓人清楚了解社會民主理念，就是這本書的出版緣起。

台灣勞工陣線於二〇〇三年受到 IUSY（國際社會主義青年聯盟）會員——馬來西亞民主行動黨社會主義青年團（Democratic Action Party Socialist Youth）邀請，以台灣代表的身分加入了 IUSY，並且每年都參與了 IUSY 的亞太地區會議（Asia-Pacific Committee）、世界嘉年華（World Festival）、跨國聲援緬甸及圖博等行動。

不過，IUSY 是一個怎樣的組織呢？這必須要從 SI 這個組織談起。

一九五一年成立的「社會主義國際」（Socialist International, SI），一個由世界各國社會民主主義政黨、工黨或是民主社會主義政黨所組成的國際組織。而 SI 中會員團體的青年們則共同組成「國際社會主義青年聯盟」（International Union of Socialist Youth, IUSY），透過各種組織會議、串連全球政治運動與倡議，從而發展各國會員組織的實力並進行跨國合作，使之可以在彼此國家的社會發展中扮演一個更加積極的角色，以促進民主、人權與青年政策。

二〇一二年在雅加達舉辦的 IUSY 亞太會議中，秘書處請與各會團體重新檢視社會民主在亞洲發展的狀況，並特別邀請瑞典社會民主黨青年團（Swedish Social Democratic Youth League, SSU）代表分享社會民主在瑞典的發展概況，SSU代表另外贈送由瑞典勞工運動智庫（The Swedish Labour Movement Think Tank）與奧洛夫·帕爾梅國際中心（The Olof Palme International Center）共同於二〇〇八年出版的 ***What is Social Democracy? A book about ideas and challenges*** 以作為各國在落實社會民主上所面臨的困境與如何強化行動等借鏡與參考。本書就是根據這本瑞典社民黨出版的小冊子翻譯而成。

北歐國家可說是當代社會民主福利國家的典範，其特色之一即為提供相對較為普及且優渥的現金給付與社會服務，使多數民眾都能享受到政府所提供的社會福利，並藉此凝聚社會團結的共識。儘管社會民主在全球化的挑戰下，其可行性與永續性也受到了多方的挑戰，但事實證明北歐的社會民主體制在全球競爭的浪潮下，仍然屬於適應較佳的制度，雖然在部分政策有所調整，但整體而言仍然屹立不搖，不論在社會平等與經濟發展的面向，皆維持相當好的平衡。

本書簡要地介紹了社會民主的重要理念與價值觀，以及瑞典上百年以來社會民主的發展，經由這樣的回顧，可發現社會民主的理念並不是死板的教條，而是在長時間的實踐過程中，透過不斷的理論辯證與經驗累積而來，其不僅務實而且與時俱進，絕非只是象牙塔內的空想。

在當前台灣社會貧富差距日益擴大、社會問題層出不窮、性別、階級、族群等種種不平等問題急待解決的同時，瑞典的經驗與社會民主的理念揭示了一條可能的道路，證明自由與平等並非互斥，經濟發展與社會福利可相輔相成，市場經濟與政府管制不僅並行不悖，還可截長補短，發揮兩者特有的功能與優勢。台灣勞工陣線期待這本書的翻譯與發行，能夠增進社會大眾對於社會民主理念的了解，帶來更多的思考與討論，並為台灣未來的發展與政策規劃提供更多的選擇。

台灣勞工陣線秘書長　孫友聯

前言

就社會民主所代表的意義，每位社會民主主義者都有他們自己個人的答案。社會民主黨並不是，也從來不是一個有固定教條、要求每位成員都必須宣誓遵守的政黨。

社會民主是一個理念的傳統，受到百年以上的理論爭辯及政治實踐所型塑，其發展的軌跡可透過社會民主黨的黨綱加以了解。這些理念涵蓋了價值觀與社會分析、對於明日社會的夢想以及今日社會的實際政策。

這本小冊子描述了這樣的理念傳統：包括其過去如何發展，以及如何藉由這些理念理解當前這個社會與政策變革的年代。在這個意義上，這是一本對於社會民主理念的歷史以及理念探討的介紹，當然這也是作者個人對於社會民主所代表意義的回答。再者，這本小冊子也是對社會民主前途論辯的一點貢獻，與勞工運動萌芽與社會民主實施大規模改革的年代相比，世界已出現巨大的改變，但平等與團結的議題，在今日仍然如同當時一樣具有時代的意義。

這本書可以說是綜合了我們數十年來，在外在條件改變以及非常不同的討論氛圍下，探討社會民主理念以及實施社會民主政策的經驗。重新檢視這些經驗有時是必要的，但基本的價值觀或社會觀卻仍然不變。

二〇〇八年二月於斯德哥爾摩

英瓦爾·卡爾松　安—瑪麗·林格倫

第一章 瑞典社會民主黨的歷史

作為一個政黨，社會民主黨至今已有將近一百二十年的歷史，而且其中有超過一半的時間處於執政的狀態，這是一段相當漫長的時間，即使是黨內的積極成員，對於這段時間的歷史或許也不完全熟悉。因此，我們首先將簡要地描述一下這段歷史，而有關價值及相關的討論，則留待後續的章節來談。

瑞典社會民主黨的歷史可分為四個階段：

- 奮鬥期：從一八七〇年代至一九二〇年代初期普選權的原則獲得勝利為止。
- 突破期：直到一九四〇年代中期，社會民主黨成長為瑞典最大的政黨。
- 福利國家期：從第二次世界大戰結束至大約一九八〇年，這段時間進行了大規模的社會安全改革。

- 轉變期：工業社會的改變及國際化程度的提升帶來了轉變。

奮鬥期

從十九世紀中期起，勞工就已開始試圖組成政治與工會組織，但一直要到一八八〇年代，這些組織才開始真正茁壯。

在「社會民主協會」（Social Democratic Association）的倡議下，瑞典社會民主黨（The Swedish Social Democratic Party）於一八八九年在斯德哥爾摩正式成立，並邀請當時的各社會民主協會及工會參與成立大會，由於政治組織及工會的運作被視為是勞工階級解放的一體兩面，因此同時邀請了政治組織及工會。然而，當時這樣的觀點在工會中是有爭議的，僅有約五分之一的工會派代表出席成立大會。政治組織與工會的穩固合作是瑞典社會民主的一大特點，這卻是在日後的數十年中才逐漸得到強化。

在第一次的黨大會中，主要的訴求包括普遍及平等的選舉權、組織工會的權利，以及將工時縮短至每日八小時。

社會民主黨最初十年的歷史有時可說是對抗當權派的艱苦奮鬥，在爭取選舉權改革的奮鬥中，社會民主黨與自由派團體結盟：社會民主黨的第一位國會議員：亞爾馬．布蘭廷（Hjalmar Branting）就是在斯德哥爾摩自由派聯合競選的幫助下當選。

一八九五年的報導：

「北雪平有四個小孩的家庭每月只靠三十六克朗過活」

一八九五年十二月一日，一個工廠勞工的妻子去北雪平西邊一家常去的食品雜貨店買了四公升牛奶、一公斤鯡魚、十二公斤麵粉、兩公升煤油、大麥穀粒和米、馬鈴薯、人造奶油、一小塊香腸和半公斤咖啡。

牛奶可以喝三天，之後她又買了四公升，大麥穀粒、米和麵粉可以吃一週，麵粉用來做麵包，大麥穀粒用來煮粥，這是這個家庭的主食。

這是每週、每月的購物清單和菜單：牛奶、麵粉、馬鈴薯、鯡魚、一小塊香腸、煤油、蘇打和肥皂和一點小奢侈品：咖啡。

一個月的採買費用總共是三十五克朗三十七歐爾，家庭現金收入只剩下六十三歐爾。

每個月的工資是三十六克朗再加上相當於十克朗五十歐爾的免費住宿，這是每週工作六天，每天工作十一——十二小時所得到的結果。房子包括一個房間和一間廚房，這是一個男人、他的妻子和四個孩子的家。

每個月三十六克朗必須要養活六個人，這個男人是家中唯一的收入

來源：在有四個幼兒的狀況下，妻子不可能出外工作，因為沒有人可以帶小孩。

十二月的帳簿只記載了家庭的支出，衣服和鞋子必須靠加班或偶而到工廠外打零工賺來的錢購買。帳簿上沒有任何東西顯示那個月是聖誕節：沒有任何歐爾可以用來買聖誕禮物，甚至是聖誕節火腿。

這是一八九〇年代勞工的生活：長工時、擁擠的住宿以及只能購買最基本必需品的低工資。

雖然不健康的工作環境經常使勞工生病，勞工仍然無法得到任何健康照顧，北雪平紡織工人最常見的死因是肺病——經常是因為紡織灰塵所造成的。

勞工沒有機會讓他們的小孩接受較高等的教育，孩子去學校讀六年的書，之後就去工廠工作，當他們老年時沒有任何退休金，很多人都在六十歲以前就死了，當他們不再能夠工作時，唯一的選項就是進入救濟院。

勞工沒有投票的權利，議會選舉投票權的門檻是年收入八百克朗（只限於男性，女性不論收入多少都沒有投票權）。在十九世紀初，男性勞工的平均收入是六百—七百克朗。女性的平均薪資更低，女性即使跟男性從事同樣的工作，薪資還是較低，而且當然，他們沒有談判的權利，工資由雇主決定，而且勞工可能隨時被解僱。

當失業以及在工作場所發生意外而受傷時，都沒有任何的給付。對勞動條件表示抗議，或試圖組織工會以改善工作條件是很冒險的行為，嘗試的人會被視為麻煩製造者並經常被解僱。

這就是勞工運動興起的背景。

勞工運動源自於勞工對於在工廠、礦坑、森林、田野裡辛苦工作的合理報酬的要求。這些要求包括更好的物質條件，像是更多錢以購買食物和衣服、更好的住宿環境、更短的工時以及得到健康照顧的權利。

此外也要求對勞工的工作及其重要性予以尊重，這表現在要求投票以及影響社會的權利、參與工會的權利、談判工資與工作條件的權利、工作生活結束後的保障以及讓小孩上學的權利。

這並不是歷史上窮人第一次對不正義與壓迫進行反抗，但二十世紀卻是我們第一次見到這種反抗運動真正成功的例子。

保守陣營為了對抗勞工在政治與工會運動的目標，有時採取相當強硬的手段。許多勞工運動的領袖都被以「褻瀆上帝」、「冒犯君主」以及「危害公眾秩序」等事由，也就是政治煽動而被監禁。工會中活躍的勞工經常被解僱，甚至在最嚴重的狀況，被所有雇主列為黑名單，這也代表他們再也無法得到另一個工作，許多人因此而被迫移民。

儘管如此，社會民主黨黨員與工會會員的數量仍然持續增加，隨著一九〇七年與一九〇九年議會法（Acts of Parliament）賦予所有二十四歲以上的瑞典男性對議會及地方政府的選舉權，離普選權的目標更接近了一步，但地方政府的選舉權仍然是根據收入與財產分級：收入或財產越多的人，就擁有越多的票數。在四十級的級距下，一個人最多可以有四十票，這樣的結構是右翼政黨同意擴大選舉權的條件。

議會法的決議可視為是社會民主黨與自由黨的部分勝利，但由於此決議仍然排除女性的議會選舉權，社會民主黨最後還是選擇支持男性與女性應享有普遍與平等的選舉權，而對此議案投下反對票。不過女性還是擁有地方政府選舉的投票權，只是必須在符合收入與財產條件的前提之下。

保守黨一直要到一九一七與一九一八年時，才在國家動盪（許多地方的大型飢荒暴動）以及周遭世界大規模動亂（其中規模最大的是俄羅斯與德國的革命）

的壓力之下——放棄對於普遍與平等選舉權的反對。選舉權的改革最後在自由黨與社會民主黨的聯合政府下成功實現，賦予所有成年男性與女性一人一票的權利，該聯合政府也在一九一九年進一步提出每日八小時工時的法案，實現勞工運動的核心訴求之一。

選舉權的改革是一項憲政改革，必須在選舉之前與之後的兩個議會中通過，而該次選舉仍需根據舊的選舉權規則，因此一直要到一九二一年，瑞典才首次舉行允許女性投票的選舉，議長也才首次能夠在新任期中歡迎女性國會議員——包括四位下議院議員及一位上議院議員。

大約在選舉權改革的時候，社會民主黨出現了分裂，導致分裂的核心問題是一個長久以來爭議的議題：社會民主黨應採取哪一種路線，和平改革或是武裝革命。

這個衝突因為國防議題的意見分歧而更進一步升高，反對派要求更徹底地裁減軍備，但在一九一七年的黨大會中，反對派在此議題的表決落敗。這次的事件使社會民主黨分裂出新的政黨，在剛開始的前幾年，這個新政黨稱為「瑞典左翼社會主義黨」（Swedish Left-Wing Socialist Party），但在一九二一年加入「共產國際」（Communist International）後，更名為「瑞典共產黨」（Swedish Communist Party），經過數十年後，這個黨分裂且其後變更名稱為「瑞典左翼黨」（Swedish Left Party），並一直沿用至今。

突破期

在一九二〇年代，由於沒有任何一黨在議會中具有絕對多數，也沒有兩個或多個政黨能夠發展出穩定的合作，這段期間通常被認為是少數政府的時期。從一九二〇年初到一九三二年的秋天，瑞典出現過十個政府，大部分執政不到兩年，其中有三次是社會民主黨組成的內閣。議會的不穩定與大規模的經濟問題（失業與經濟不景氣是一九二〇年代的重要特徵）嚴重限制施政的空間，而延遲了社會改革的腳步。

社會民主黨在這之前的幾十年前仍被視為社會的威脅，但到此時卻已強大到足以執政，這顯示社會已出現巨大的改變，然而對於勞工運動的反對（與恐懼！），在保守團體中仍是一股強大的力量，這也顯現在一九二八年選舉時他們對社會民主黨所散播的謠言上，有一張保守黨的選舉海報描繪女性被從他們的家中趕出來，並被賣給（黑皮膚的）奴隸買主，另一張則恐嚇人民將失去他們的房子與存款。

社會民主黨在一九三二年的大選中獲得大勝，第四次組閣執政，其主要承諾就是要對抗高失業的問題。社會民主黨本身在議會中並未獲得絕對多數，但一九三三年與農民聯盟（Farmers' Union），即現在的瑞典中央黨（Swedish Centre Party）在經濟政策上達成協議（即所謂的危機解決協議），奠定了執政穩定的基礎，這是兩黨在二十世紀陸續合作的開端，而最近一次的合作在一九九〇年代中期。

危機解決協議（settlement of the crisis）是一種經濟政策上的新途徑，也是積極性危機處理政策，通常被稱為「凱因斯主義」（Keynesianism）的一種心理突破。國家採取積極的措施以增加生產，並進而在經濟不景氣時提升就業。這種類型的政策一直要到一九五〇及一九六〇年代與積極性勞動市場政策（active labour-market policy）結合後，才發揮其完全的效用（與重要性），在當時政府根據「危機解決協議」所付出的努力其實仍相對較小，一九三〇年代後半的經濟復甦主要是來自於歐洲重建所帶來的經濟繁榮，不過「危機解決協議」仍有其根本的重要性，它象徵一種看待政府維持就業角色的新思維，也為一九二〇年代面對失業問題時，自我調節的僵化信條所產生的無力感，提供了一種出路。

我們家是一個頂樓的房間，有一個可以裝很多木柴的鐵爐。需要把推車和小孩、一堆木柴和食物這些東西都搬上階梯。水必須到頂樓外面去取，其他設備還包括外面一個破舊的廁所。

十月一日我們終於得到了一個現代化的一房公寓，這是多麼美好的感覺——打開門可以看到所有這些新的東西，亮晶晶的地板、閃閃發光的水龍頭、熱水、有通風口的儲藏室、衣櫥和有洗臉盆的廁所，浴室在地下室，我的高興是難以想像的——我永遠不會忘掉這麼美好的經驗。

引自「我們沒有免費得到什麼」

東約特蘭省社會民主黨婦女地區紀念冊，一九八四年

一九三〇年代也出現了一些初步的社會改革，包括加強對於有子女家庭的支持、兩週的法定假期、以及對於身心障礙者的支持。然而，擴張國家退休金的提案（因為退休金的給付過低，使得幾乎有三分之一領取退休金的人需要社會救

助）並未在議會得到多數的支持，因為農民聯盟支持其他右翼政黨否決退休金的提案，佩爾·阿爾賓·漢森（Per Albin Hansson）的內閣因而在一九三六年的春天總辭，但之後又在同年秋天的議會選舉中獲勝並重返執政。

在一九三九年的秋天，第二次世界大戰開始後，議會中除了共產黨以外，其他所有政黨共同組成聯合內閣，社會民主黨的主席佩爾·阿爾賓·漢森仍繼續擔任首相，這個聯合內閣一直維持到戰爭結束，之後社會民主黨再度單獨組閣。

福利國家期

在第二次世界大戰後的十年間，有時被稱為「收割期」，此時社會民主黨終於能夠實現他們之前幾十年所夢想與規劃的大規模社會改革：其總體可稱為「福利國家」。當時有兩項福利國家得以建立的基本條件：公平分配福利的政治意願，以及大規模的經濟擴張。在第二次世界大戰後，工業大規模生產開始快速發展，瑞典的產業在國際市場上擁有非常強大的地位。

瑞典產業的優勢是以經濟政策、勞動市場政策、及勞動市場當事人（工會與雇主）建立起來的合作形式為基礎，整體被稱為「瑞典模式」（the Swedish Model）。

福利國家就這樣建立了：一九四七年開始實施兒童津貼，國家退休金也大幅擴張；一九五〇年議會決議實施所有兒童的九年義務教育；一九五一年通過法案使所有受僱者可享有三週的有薪假期；一九五〇年代時健康保險也逐步擴張，並開始實施房屋建築補助以增加住宅數量，並大幅改善居住條件。

許多社會改革都在正當的一致同意下實施，但右翼的反對黨不同意加稅以支應這些社會改革，尤其是對於消費的銷售稅（sales tax），即後來的消費稅（value added tax, VAT），更是強烈反對。

在一九五〇年代有一項改革導致廣泛且長期的政治爭議，即附加於基本國家年金的一般性附加年金方案（ATP）。此改革適用於勞工與低階公務員，大多數高階公務員根據其之前的所得，已經有附加年金的權利，當試圖將此權利擴大到一般勞工與低階公務員時，遭到雇主的反對，也因此出現政治上的爭議。

當時瑞典的聯合內閣是由社會民主黨與農民聯盟（現今的瑞典中央黨）所組成，但這兩個政黨對於附加年金的議題有非常不同的看法，因此最後政府在一九五七年選擇將此議題交由公民投票決定。該次的公民投票有三個選項：社會民主黨的提案（一號方案）是提供職業年金的法定權利，其給付則根據之前的收入與雇主所繳的保費計算；農民聯盟的提案（二號方案）是志願性年金，由個人儲蓄支付，但由國家保證一定的金額，也就是提供免於通貨膨脹的保護；保守黨與自由黨所提出的聯合提案（三號方案）也是志願性的年金，但是由勞動市場的當事人自行協議，且國家不保證一定的金額。在這次的公民投票，社會民主黨版本的提案得到47.1%的支持率，高於三號方案的35％與二號方案的15％。

這次公民投票的結果使聯合內閣瓦解，社會民主黨成為少數政府。在一九五八年的春天，政府根據一號方案，推動法定職業年金的法案，由於社會民主黨並非議會中的多數，該法案未獲得通過，因此政府宣布改選，在這次的選舉中，社會民主黨獲得大勝，但在最後的議會投票，要不是有一位自由黨議員（圖雷·克尼格森〔Ture Königson〕，為勞工背景出身）棄權，結果仍然會是平手的局面。

這次附加年金改革的意義，不只是一般受僱者退休金的改善而已，退休金的保費也在公共的控制下建立龐大的基金，這筆資金主要被投資於住宅的建築，這使一九五〇年代普遍的住宅短缺問題迅速減少，一九五〇年代也成為現代住宅政策的開端。

就業政策與經濟成長政策是被連結在一起的。用經濟與工會薪資政策對於無法獲利企業與透過政府補助或低薪的過時產業，刻意不提供財務支持，讓不獲利的公司被淘汰，這也有助於促進社會的利益，讓勞動力能夠轉移到較有前景與薪資支付能力較強的企業。對於因此而失業的勞工，政府則提供新職業的訓練，透過這樣的訓練，使他們有機會獲得新的、更好的工作，而勞工較高的能力也有助於增加工作的生產力。

在一九六〇年代，福利政策主要是公共服務的擴張，這些公共服務滿足廣大民眾、勞工、薪資受僱者相似的重要需求：更多的受教機會、衛生照顧的改善、更好的托育及老人照顧。一九五〇年時，義務教育就已決定延伸至九年，並於一九六〇年代初期前逐步實施；在一九六〇年代，對於高中及大學投入更多的投資，許多新的大學與高等教育機構都是在這個時期創設。健康照顧的質量也都有所提升，由於有越來越多的女性選擇就業，對於托育（日托中心）的需求也隨之增加。這些服務的擴張都是從一九六〇年代開始，但一直到一九八〇年代初期，這些需求都仍然未能完全獲得滿足。

一九七〇年代時，勞動法令出現了許多重要的轉變，在許多方面都強化了受僱者與雇主集體談判的地位，受僱者獲得法定資訊權以及公司中的「職場共同決定法」（Act on Co-determination at Work）。就業安全法（The Security of Employment Act, LAS）規範了就業與終止勞動契約的方式，過去雇主有權可單方面決定這些議題，但現在雇主有與工會進行協商的義務。法令也強化了受僱者對於工作環境的影響力，讓工會的安全代表有權停止有害於健康的工作。

轉變期

一九五〇與一九六〇年代間的福利建構，深受社會民主所得重分配政策的價值觀所支配，包括受教權、依據需求而非所得多寡提供的照顧服務、遭遇疾病或失業時的經濟保護、老年經濟安全、以及賦予勞工影響其工作條件的權利等。支撐當時福利政策的基本條件，包括強健的經濟發展以及穩定成長以提供所得重分配的資源。

福利國家期正好是經濟歷史學家所稱的成熟工業社會，在穩定的勞動市場、高技術水準以及勞動市場當事人間的合作下，不斷提升的生產效率創造了大量的競爭優勢，而且這不僅限於對瑞典經濟高度重要的出口產業。與此同時，科技與工會的發展大幅改善了生產力，因此一九六〇年代出現了非常高度的經濟成長，而這也提供了資源，使社會福利與個人購買力都得以大幅提升。

支持福利國家的重要條件還包括穩定的國際貨幣制度，強健的美元確保了固定匯率，國內的利率與信用市場以及跨國的貨幣交易都能夠有效控制。

然而在一九七〇年代，這些經濟狀況都開始出現轉變，而這也影響到政策施行的環境，不過在當時不容易發現這些是根本性的改變，會影響到許多重要的部門，並使一些之前的政策工具不再那麼有效。

適應新的環境需要時間，因此一九七〇與八〇年代不論在政治與經濟上變得相當動盪。

當新興工業國家興起，瑞典的產業也面臨到更艱困的競爭，這些國家能夠以較低的生產成本，提供一定品質的產品。勞動市場也出現了轉變，科技的進展意謂著可用更少的人力，創造出更多的生產，因此產業中的工作機會也變少了。然而，服務業部門的工作增加了——不論是私部門或公部門，福利的成長也使人們有能力買得起更多服務，而不僅限於物質的必需品。

更艱困的競爭與勞動市場的發展影響了薪資結構的條件，而這需要時間去學習如何處理。在商品的生產上，科技可大幅支持人力的工作，因此生產力變得非常高；在服務業部門，科技無法以同樣的程度取代人力——某些服務業工作甚至幾乎完全無法取代——這也意謂著勞工生產力的下滑。當勞動力在服務業部門的比例上升，薪資增加的空間也成長得較為緩慢，在一九七〇與一九八〇年代，薪資的成長並沒有減緩，但出口產業卻出現了成本的問題，並導致瑞典克朗兩次貶值。

國際的固定匯率體系（通常稱為布列敦—森林體系）出現了崩潰，部分原因是由於國際資本市場的出現，降低了國家維持其貨幣保證價值的可能性。然而主要的解釋原因，是因為美國經濟穩定成長的赤字，損害了整個系統的穩定性。

在一九八〇年代，政治與國家控制資本流動的選項日益減少，像美國與英國這些新自由主義制度的大國，都開始實施信用市場的去管制化，這有部分是出自於意識形態的影響，但也是為了適應國際資本市場的成長以及大型跨國企業集團的現實發展，這使得在國家層級控制貨幣流動變得越來越困難。

這也使越來越多國家，包括瑞典，在現實上必須追隨此國際模式。

瑞典在一九七〇與八〇年代的一項重要特徵是一再發生的通貨膨脹，這受到許多因素的影響：一九七〇年代初期石油價格的上升、自由資本市場帶來的貸款需求成長、以及薪資成長明顯跟不上物價。由於景氣的繁榮經常帶來物價上揚的結果，一九八〇年代的繁榮使通貨膨脹的問題更加惡化。

通貨膨脹與繁榮的景氣有一個好處，至少在短期上帶來高就業率，一九八〇年代末期的失業率低於2％。然而也有許多壞處，從長期的角度來看對於就業會造成傷害。短期的投機變得比長期的生產投資更有吸引力，儘管名目上的薪資大幅增加（這也侵蝕了企業的競爭力），因為物價也以同樣的速度上升，實質薪資卻沒有增加，因此，私部門的需求也沒有提高（這本來應該可以增加就業機會的），很明顯地這樣的發展無法長久持續。

通貨膨脹導致不動產價格快速的上升，當一些最投機的企業在一九九一年破產時，對這些企業持有大筆債權的銀行也出現呆帳，而導致銀行的危機。右翼政府在一九九一年大選擊敗社會民主黨執政後，必須干預以重建銀行，事實上，這樣的干預或許是違反其意識形態的，但由於銀行系統的危機可能擴散到經濟的許多其他部門，這樣的干預是必須的，大約在這個時候，國際的經濟狀況也出現衰退的狀況。在瑞典，雖然通貨膨脹在此時已不再是問題，政府許多抑制通貨膨脹的措施卻使經濟衰退的情況更加惡化，並使失業急遽上升。

事後來看，關於一九八〇年代的這些問題究竟是否因為政治上的錯誤所造成，是一個可探討的議題，就像是一九二〇年代的問題是否有可能透過不同的政策避免一樣。

當時有許多措施是用來降低通貨膨脹，而其他措施或許是在錯誤的時間推動，或是以錯誤的順序實施，這些或許都使問題更加惡化。

關於當時應採取什麼樣的行動，事後諸葛很容易，但不幸的是，政治的本質是必須對於永遠無法確實預測的未來採取行動。對一九七〇與八〇年代的政策評估超出此歷史介紹的範圍，但我們確實相信，從當時與更早的轉變期所學到的教訓是，要看清轉變的型態需要時間，而在那之前採取行動是很困難的。

在一九八〇年代，許多關於社會民主的內部爭論都涉及如何解釋新的社會現實，若我們要繼續擁護某些基本、傳統的價值，除非全黨都認清這真的是一個新的社會現實，而且生產的基本環境已產生改變，不然會難以接受這個新現實需要一些新的政治措施。

轉變期顯然經常是動盪的，有許多巨大的力量在運作，這帶來一些問題，但也打開了一些機會。或許這也是政治情勢的一部分，需要時間去了解問題並發現機會——以及發展執行的工具。

至於現在呢？

社會民主黨在一九九四年的大選後重返執政，當時的失業率與政府財政赤字都攀上歷史高峰，後者代表國家預算最大的一筆支出項目是國債的利息。要解決預算赤字的問題，需要大幅度刪減政府支出，即使這會導致社會民主非常不樂見的社會福利預算削減。

然而，這樣的矯正政策確實產生成效，預算的赤字在幾年內就消失，瑞典的經濟再度加速發展，失業率也下降了。新的資源可再次投入於福利政策，包括對於成人及高等教育與研究的大幅投資。

福利系統在經濟危機中仍然相當完整地保存下來，一九八〇與九〇年代留下的真正問題是勞動市場。失業率雖然已從九〇年代的歷史高峰急遽下降，但仍然高於七〇與八〇年代。

問題的其中一個原因是因為當前國際依賴的要求：維持低通貨膨脹。區域成長的差異是另一個因素，其他原因還有工作要求的提高，包括教育、良好健康、高抗壓力以及（在許多行業中）良好社交能力等。這些要求使得許多人雖然不是真的不能工作，但因為他們不符合這些要求的某些部分，仍然被勞動市場所排除。這可從長期失業、病假人數與提早退休比例的增加看出。

在目前的狀況下，病假的規則「過於寬鬆」經常被當成一個議題來討論，也就是保險被過度使用，而這些問題可透過較嚴格的管控與更明確的規則解決。

對於社會安全系統的濫用固然應該避免，但目前仍然缺乏實證證明「濫用」是由於個人的低道德（或是不願工作）所導致，這更有可能是因為工作更加嚴苛的要求。與二十五或三十年前的情況有所不同，現在即使是輕微的病痛或受傷，都可能成為工作的阻礙。在工作對於效率與競爭力的要求，以及公共經濟與社群道德的要求之間，確實有著明顯的衝突，然而效率的追求不應讓人提早被耗損掉——這會增加健康照顧與提早退休的退休金成本。

勞動市場的條件與福利系統的未來是日後數十年將面臨的重大挑戰，而生態永續發展的挑戰或許更大，我們將會在本書的最後一章再回到這個議題。

第二章 社會民主的理念與社會分析

社會民主的意識形態？

社會民主的意識形態實際上包括兩個部分：價值觀與社會理論。「價值觀」概括了應作為社會生活與社會發展基礎的價值觀點，「社會理論」的概念則包含控制社會發展的機制，以及應該影響哪些事物，以建立一個實現這些價值的社會。

社會民主的基本價值最初可用法國大革命的口號加以概括：自由、平等、兄弟情誼（brotherhood）。在性別平等的精神下，「兄弟情誼」這個詞後來用「團結」（solidarity）所取代，這三個概念也可以用「民主」（democracy）這個詞來概括，因為真正的民主必須以自由、平等與團結為前提，而同時也可創造自由、平等與團結。

對於勞動的重要性的觀點，可說是價值觀與社會理論的交會點。在社會民主中，人類的勞動是生產及經濟成長的核心要素，藉由人類的勞動，才能使所有其他的生產要素——原料、技術、資金——進行運作。同時，勞動以及勞動的權利也應被視為對個人生命與發展有重要意義的事，不僅只是物質上的意義，也包括個人與社會上的意義。

在社會民主對於社會的分析中，資本與勞動間的利益衝突扮演了核心的角色，這樣的衝突關係牽涉到勞動條件與生產成果分配的議題。這些衝突不可避免地來自於勞動生活中的不同條件，而且就這點而言，這是個無法克服的衝突，然而若兩者的權力關係可以達到某種程度的對等，它也可成為促進經濟成長的一個動態因素。

另一個基本概念是唯物史觀，若用較傳統的社會主義說法，通常會說是「生產力的組織決定了社會的上層結構」，這可解讀為經濟與勞動生活的條件，對於社會的樣貌有決定性的意義，而經濟與勞動生活的改變，也會對社會結構產生影響。

以下我們首先將檢視社會民主基本價值的意涵，以及其今日所代表的意義，接下來將探討社會民主對於社會的分析，以及其自勞工運動興起以來的發展。

社會民主價值：自由

「自由」是一個具有多重意義的概念，因此也包含許多可改變的意涵，最重要的是，它牽涉到個人掌控自己的人生與做自己的決定，其前提必須具備如言論與意見自由的公民權、自由選擇教育與職業、自由選擇婚姻伴侶，自由在國內外遷徙等個人權利。政治哲學上往往將其描述為「做什麼的自由」，但「免於什麼的自由」也是必要的，例如免於遭受饑餓，免於貧窮的壓迫，與免於有害健康的居住環境的自由。若沒有這些基本的社會與經濟自由，不論在法律上提供了多少公民與個人自由，個人的自由行動都還是會受到非常嚴重的限制。

當社會民主興起的時候，勞工欠缺許多公民自由，如選舉的自由、根據共同利益進行組織的自由，在很大程度上也缺乏批評政治與經濟當局的自由，實際上，他們也缺乏個人自由，例如選擇個人教育與維護自己健康的自由——這並不是因為立法以任何方式禁止，而是因為經濟貧困的阻礙。因此，初期的勞工運動在許多不同的層次上爭取自由：包括爭取公民權，例如投票權以及言論自由；包括消除勞動場所中的從屬地位，因為從屬地位使勞工失去形成集體的自由；也包括改善經濟條件，這使個人自由如個人教育與選擇職業的自由，能夠轉化為真正的機會。

在社會民主中，自由的概念有雙重的意涵：它的出發點是個人的自由，但通往自由的道路卻需透過社會與勞動生活的改變。只替個人創造脫離貧窮與從屬地位的機會是不夠的：必須要使每個人都能夠脫離貧窮和從屬地位，而這需要針對造成貧窮與從屬地位，而使許多人失去自由的機制，採取集體的解決方案與措施。

對於經濟與社會上的強勢群體而言，這種措施可能會被視為對自由的一種侵害，他們並不需要這些措施，而且甚至可以因為沒有這些規範而增加自由。不動產的所有權人不能任意通知承租人解除契約，固然是對其自由的一種限制，但同時卻也增加了承租人的自由，因為他們不需要再承擔因他人任意的決定，而可能失去住所的風險。

在這類的討論中，社會民主與右派，特別是新自由主義者之間，往往存在著觀點的分歧。社會民主的自由概念很明顯地取決於這樣的理解：社會上不同的經濟地位賦予不同程度的個人自由。對於新自由主義論者（以及許多古典自由哲學家）而言，個人的選擇並沒有權力的差異：勞工不接受廉價工作的自由與雇主提供廉價工作的自由是同等的，如果勞工接受了低劣的條件，這完全是他的自由選擇，因此沒有理由去批評雇主（更別說是採取對抗雇主的行動）。

在現實中，除非個別勞工擁有高度專業的知識和技能，否則勞工相對於雇主，總是處在較劣勢的地位。工會是一個能夠創造較平等條件的方式，但右派人士對於雇主和個別受僱者自由程度的實際差異仍然缺乏了解，而這也反映在他們對於工會活動的觀點上。雖然只要快速地回顧一下過去的歷史或看一看這個世界的狀況，就會發現在沒有工會時，勞工的勞動條件總是最糟的，只要工會的力量提升，勞工的狀況往往會改善，但儘管如此，右派人士仍將工會視為一種對自由的限制。工會是一個明顯的例證，說明個人的自由必須建立在集體行動之上，換句話說，自由的爭取有時涉及的是不同群體間自由的分配。工會以爭議行為來對抗拒絕簽署團體協約的雇主，應該要放在這樣的脈絡下來觀察：這牽涉的不僅只是個別企業的勞動條件，而是集體勞方與集體資方之間自由的分配。

從較狹隘的觀點來看，或許社會的框架會被描述成對自由的限制——新自由主義者經常採取這樣的看法。個人無奈地依賴集體、社會和周遭環境的運作，而良好運作的社會也同樣無奈地依賴這種集體生活的規範。

禁止隨處停車是對於個人自由的限制，但也因為車子沒有隨處亂停放，帶來更大的個人行動自由，而平衡了禁止隨處停車的限制。在餐廳內禁止吸菸，限制了吸菸者的吸菸自由，但卻也增加了非吸菸者在他人吸菸時，免於吸入危險物質的自由。

在個人對於自由的要求，以及為保護他人自由而對個人自由的限制之間，總是存在著一種緊張關係，這種個人與集體間的緊張關係，是個人與社會相互依賴所不可避免的結果，如果只強調個人自由，而不考慮對他人所造成的影響，最後會變成弱肉強食的結果，但從另一方面來說，如果只強調集體社群的需求，則會出現個人需求無條件屈服於集體需求的危險，對於這兩種危險的警惕是同等重要的。

新自由主義者經常否認第一種危險，因為他們不把個人視為社會脈絡的一部分，而否定相互考量的必要性。而作為社會民主主義者，我們必須警惕第二種危險的可能性，我們不能因為有可能一般性或整體性地增加多數人的自由，就習慣性地侵入個人自由。

有許多集體力量強迫控制個人生活與觀點的例子，但這不能用考量他人的理由加以正當化。對集體忠誠可能會抑制內部的爭論及對於集體決定的檢驗，集體也可能發展出支配的菁英階級，根據其自身利益而非集體利益行動。

這樣的危險存在於各種集體之中，而不論其政治色彩為何。保守主義的特殊觀點將民族／國家視為一種有機體，這有時意謂著個人需求必須擺在國家福利之後。宗教組織也可能將其嚴苛的要求延伸到私人生活中。而作為社會民主主義者，由於我們所採取的基本觀點是：個人自由實際上需要某種程度的集體主義，因此或許我們更有理由去監控集體主義的危險。

民主是一種處理個人與集體間緊張關係的方式：民主賦予每個人及其他人同等影響集體的權利，民主的決策經常性要在不同團體與個人間取得平衡，沒有人能夠完全得到自己想要的，但也沒有人會受到他人的任意支配。

自由並不會受到民主的集體主義威脅，民主的集體主義認為我們與社會中的其他人彼此相互依賴，因此需要在相互考量與尊重的基礎上，訂定共同的規範。但自由卻可能受到各種基本教義的威脅，無論是以宗教、政治或經濟的形式。基本教義是一種觀點，認為團體只有遵循某種上位者，例如上帝、歷史或市場賦予的使命才是真理。如果只有這個團體所遵循的是真理，那麼就沒有理由需要考量其他人的觀點，或是允許人們根據其他觀點決定自己的生活，而是相對地，為了維護團體與其他人的利益，必須確保人們沒有機會實施錯誤或有害的想法。

對不同的觀點與意見保持開放，並願意傾聽與交換不同的觀點，以找出最佳的共同解決方案，這是對於民主的必然要求，也是民主社會中公民的必備條件。

社會民主價值：平等

有些保守主義者認為自由與平等是互斥的：對平等的要求會侵犯個人自由發展的權利和機會；但社會民主主義者的看法則相反：平等和自由是相輔相成的，

一個不平等的社會當然提供了最大的自由給最優勢的群體，但這同時也代表那些處於經濟與社會分隔另一面的人，會生活在非常有限的自由中，經濟的匱乏使他們只能維持最基本的生活、服從優勢群體的決定，且無從影響他們。

如果認真看待對於自由的要求，當然就必須讓自由擴展到每個人身上，如此一來，自由與平等互相對立的說法就會自相矛盾：因為只有當每個人都有機會獲得自由時，一個社會才可能平等。

在一個不平等的社會中，強者可以欺壓弱者以滿足他們自己的需求，有些人相較於其他人，擁有較少掌控自己人生的機會，他們的生活條件受到那些較富裕的族群所支配，因而減少他們的自由。如果自由的定義是強勢者可以運用他們的力量，謀求自身利益的權利，實際上這會造成許多人從屬於這些強勢者而減少自由。這並不是在要求自由，而是在要求特權。

對於平等的要求是社會民主的核心價值，因為社會民主就是由那些曾為不平等與附隨的不自由付出過代價的團體所提倡的。同時，對於平等的要求是有爭議的——由於平等最終的目標是消除所有類型的階層體系，因此其箭頭會指向許多既有的權力集團。

平等的概念究竟涵蓋哪些意義？社會民主黨的黨綱將其定義為「每個人擁有同等掌控自己生活與影響其所處社會的權利」，並宣示這必須以「悠關人民自由的重要資源進行公平分配為前提。」

然而，平等並不代表每個人都必須以同樣的方式生活。平等並不要求每個人都一模一樣，即使有時候它的反對者與支持者都有這樣的誤解。

人都是不同的，假如我們認真地要求每個人都應該有自由決定自己人生的機會，那麼當然我們必須接受每個人會有不同的選擇。從這個角度來看，要求把每個人一模一樣地套進相同的模式，這樣的想法其實是平等概念的敵人，因為這意謂著原本不適合該模式的人，被迫適應這個模式，而被剝奪掌控自己人生的機會，事實上，平等是要求多元性與變異性的。

然而，在某些核心的面向上，平等確實是要求一模一樣：每個人作為個體，擁有同等的價值以及同等成長與發展的權利。每個人都是社會的成員，而每個人的生活條件也都受到周遭社會的影響。

平等就是藉由這些共通性所定義：同等掌控自己生活以及影響其所處社會的機會。

許多不同的因素造成了社會的不平等，經濟結構（或階級結構）根據人們在勞動中所處的地位而創造了不平等。社會模式對於男性與女性有不同的要求，也提供了不同的機會，因而製造了性別的不平等。基於族群背景、身心障礙或性向而歧視那些看起來與眾不同的人，也對那些被歧視的人造成不平等的生活機會。

這些造成不平等的因素彼此交互作用，有可能抵銷或強化彼此。平均而言，所有社會階級的女性，其薪資都比同階級的男性低——但處於經濟上層階級的女性，其薪資則比經濟下層階級的男性更高。移民在最低薪的工作中占有過高的比例，這可視為是歧視的結果，較低的薪資與經常不穩定的就業條件都是階級差異的一種展現。

我們必須瞭解製造不平等的因素有很多，這些因素彼此之間互相影響，因此平等政策必須涵蓋所有這些不同的面向。在一開始，平等被認為只是關於消除階級差異的問題，亦即因經濟權力與物質資產差異所產生的不平等，但這樣的觀點已被擴大及深化，而以一種更廣泛的方式理解不平等的型態，因此，平等政策也涉及促進男女平等，以及消除所有形式歧視的措施（包括影響公共輿論）。

平等政策最終是關於權力的分配，而社會民主為其根本的基礎：民主代表擁有平等影響我們所處社會的機會，普遍與平等的選舉權、言論自由以及影響論辯的權利，這些既是平等的要求，也是自由的要求。

知識是個人在勞動市場與社會生活中一項重要的權力資源。因此，不論個人經濟資源的多寡，高品質且具有足夠廣度的教育必須是每個人的權利。

健康是另一項重要的個人資源，因此，每個人必須有能力影響其勞動場所，使工作任務與工作環境不至於傷害個人的健康，因此不論個人的經濟資源多寡，每個人都應該有權得到高品質與充分的健康照顧。

基本的經濟與社會安全也同樣涉及到權力。一個經濟上處於依賴狀態的人，將難以維護其自身的權益，而當一個人幾乎沒有足夠的金錢購買食物，或是經常為疾病或失業擔憂時，則很難擁有個人發展的餘地。一份足以養活自己的工作，當然是經濟與社會安全的根本，但遭遇失業或疾病時，以及退休後老年時的經濟支持，對於賦予人們掌控其自身生活的權力，也有同等的重要性。

社會民主價值：團結

自由和平等這兩個概念，因為其概念的複雜度，使政治哲學家們深感興趣，有許多論著皆探討其意涵及兩者之間的關係。但團結的概念並沒有受到政治哲學家們同等的青睞，儘管有許多簡單、幾乎只是口號式的陳述以表達團結的意涵：

- 聖經的要求：「分擔彼此的負擔」。
- 勞工運動的古老口號：「團結則勝利，分裂則失敗」。

- 一九八〇年代的反種族主義運動：「別碰我的夥伴！」
- 經典冒險小說「三劍客」的格言：「我為人人，人人為我！」

這些陳述表現了人與人之間的親近關係，同時也強調對於彼此的責任與依賴，因此也要求團結。

今日，「團結」的概念通常用來表示「分享」或「支援」，亦即施予者對於受惠者的單向活動。在某些案例中，這可視為要求團結的結果，但團結真正的意義其實是互惠：我們同時是施予者，也是受惠者。例如我們可以把對於發展中國家的援助，視為一種富裕國家對貧窮國家的分享，但因為貧窮國家的發展也會影響到富裕國家，而且這對當前根本性的迫切議題，例如世界和平與安全，也有重大意義，因此我們可以（也應該）將其視為一種互相依賴的表現，發展的共同利益可促進穩定的世界秩序。

「團結」這個詞來自拉丁文 solidus，原來的意思是緊密、穩固及持久的，這個詞也發展成其他的詞，如堅固的（solid）以及「固體」（solidity）。在早期的勞工運動中，團結是改變社會的關鍵。沒有人能夠獨自解決不正義的問題，人們只有團結一致，才有力量可以做到。

對於團結、相互支持以及共同目標的要求，是為了奮鬥以改變現狀及實現新社會願景的目標。人們要在奮鬥中團結一致，並且公平與平等地分享奮鬥的收獲，為了新社會的奮鬥是要改善共同的生活、讓每個人都能夠得到福利、以及讓每個人都有機會影響社會，而不是要讓某些個人可以藉由踐踏他人以謀取自己的福利與權力。

「團結」這個詞表達了人類是彼此相互依賴的社會動物，如果社會是以共同利益出發，則這樣的社會將會運作得最好。

稅收資助的福利政策即建立在這樣的基礎上，教育與照顧是個人的基本福利，因此作為公民，我們應互相保障這些基本福利。

共同、團結的財務支持保障了個人的安全以及人與人之間的平等——這也創造了對於每個人較安全、社會緊張程度較低的社會，因為社會緊張總是隨著不正義與經濟狀況的分歧而來。

團結不僅是增進集體的自我利益，還牽涉到社會運作的共同責任與分擔。正如同愛倫凱（Ellen Key）曾說過：「所有的孩子都是每個人的孩子」。這句話在今日的諺語也得到呼應，正所謂「養育一個孩子需要整個村子的力量」。雖然沒有人能剝奪父母對於其子女養育與福利的特殊責任，但孩子成長的環境並不是父母獨自創造的，孩子成長的環境受到所有周遭社會環境的影響，因此我們每個人都有責任，這是聯合國兒童公約的精髓，而幾乎每個聯合國的會員國都已簽署該公約。

就如同平等一樣，團結並不排斥個人努力發展其自身的條件。對於團結的要求，目的是要消除允許個人利用他人以謀取自身利益的利己主義。

團結是平等的前提，基本上團結是一種親近與相互依賴的感覺，這使強者節制自己不去傷害弱者。反過來說，平等也是團結的前提，因為只有在某程度上平等的社會中，人們才得以不用透過排除他人以保全自己。

這三種價值以這樣的方式相輔相成：自由以平等為前提，平等以團結為前提，而團結又以自由和平等為前提。

歷史唯物主義

十九世紀歐洲勞工運動的興起，是對於當時社會貧窮與不平等的反抗。

這並不是窮人與受壓迫的人民第一次對困苦與不平等的反抗，歷史上曾經有過許多例子，例如古代奴隸的叛亂與中世紀農民的暴動。然而，這些暴動總是被鎮壓，從未得到持續性的成果，勞工運動是第一個真正成功，並達到社會較為永續改變的社會解放運動。

這與十八與十九世紀的整體科技及經濟發展有關，這些發展使這個社會第一次有可能普遍性提高每個人的福利，而一旦這樣的可能性存在，就不可能再像過去一樣，讓生產成果的分配保持巨大的差異。

這是唯物史觀或歷史唯物主義的要旨：生產的基本條件（例如科技、工會與潛在的收益性）控制了社會條件與社會組織。

在從前的農業社會，不只是勞動生活與勞動條件與工業時代有所不同，其政治與社會結構，生活與思考的方式也都有所差異。

工業化不只是改變了勞動生活，也改變了整個社會。人們由鄉間的老村莊遷移到工業社區、城鎮與都市，這創造了新的生活模式，也對於社會制度，像是健康照顧與教育，產生新的需求。這需要新的經濟立法，與不再以土地所有權為基礎的新財政系統，這為雇主與受僱者創造了新的關係，以及薪資工作者能夠組織起來以爭取他們利益的新型態勞動場所。

隨著工業社會的突破，瑞典過去的四級議會（Swedish Diet of the Four Estates）不再能夠代表人民的社會結構，因而無法繼續運作，而由兩院制的議會所取代。由於工業及勞工變得更重要，也不可能再將他們排除於選舉權之外。正如同卡爾·馬克思（Karl Marx）在其「政治經濟學批判」中所寫道：「隨著經濟基礎的改變，整個巨大的上層結構或多或少出現了劇變」。

唯物史觀對於了解我們的時代也很重要，特別是隨著傳統工業社會的變遷、全球化、資訊科技對生產、通訊與政策的全面性影響等因素所帶來的新政治條件。

用馬克思主義的說法，生產力的改變，代表今日的社會民主政策面臨著與一九六〇年代非常不同的條件，而所有關於未來社會民主政策的討論，必須建立在這些條件的分析之上。在探討政黨歷史的第一章中，我們已經概要地說明這些條件在一九八〇與九〇年代對於政策的意涵，在本書的最後一章中，我們將會再回來討論未來的挑戰。

理念與經濟的連結

唯物史觀認為在理念、社會價值與經濟組織之間，有一道明顯的連結。

根據「政治經濟學批判」所述：「物質生活的生產方式，一般而言對於社會、政治與精神生活的過程有決定性的影響，並不是人們的意識決定人們的存在，而是人們的社會存在決定人們的意識」。

這大致上是說，不是思想決定社會的樣貌，而是科技與經濟所創造的社會條件決定思想。

道德譴責消失了……

對於利息（也就是在出借金錢時收取的報酬）的看法，是經濟轉變導致思想轉變的一個例子。在中世紀早期，就出借的金錢收取利息是一種犯罪。在當時的生產科技，錢幾乎無法產生利息，亦即創造其新的價值，因此要求返還比借出時更多的錢被認為是不合理的。

當科技帶來更多大規模的計畫，借入大筆金錢的需求增加了，因此為了要借到錢，必須要付錢給出借人。禁止收取利息變成了發展的阻礙，從經濟的角度也難以得到支持：為什麼那些出借金錢，而對創造新財富有貢獻的人，不能從增加的財富分得一部分呢？

對於利息的道德譴責就此終結了。

當然，或許這聽起來像是對於思想的完全否定，但事實上並非如此，很顯然不可能把理念與理想都只看作是經濟利益的機械性工具。自由、平等、公平與關懷的理念存在已久，並獨立於生產科技及經濟之外，人們總是照顧老人與病患，所有社會中都有對於人類行為的規範，提供弱者至少某程度的保護以對抗強者，而其理由是基於道德，或者也可說是基於價值觀。

道德與倫理價值對於人類行為提供強大的趨力，在歷史上，許多人都會因為了理想與無私的需求，而甘冒巨大的個人危險。

像是自由與平等的理念，從來都不是在獲得經濟基礎之後（或是也可說是生產力允許之後），才取得政治上與社會上的突破。

中世紀農民反抗貴族與王室特權的起義失敗了，而十八世紀新興商人與實業家階級對於這些特權的批判之所以能出現效果，是因為他們代表了更現代且更有效率的生產秩序。勞工運動對於工廠所有者及商業公司剝削的反抗之所以會成功，是因為在人類歷史上，工業生產秩序第一次創造出足以提供所有人福利的資源。

因此，關於良善社會應有樣貌的想法，往往一部分是受到現有生產秩序能夠達到的程度所影響，一部分則是受到對於生產秩序的要求所影響，特別是受到影響力最大的團體的利益所影響。

掌權的團體總是試圖以一般性的意識形態原則及公共利益作為名義，追求其影響力（及經濟利益）。舉一個雖然小但很有說服力的例子，一個大公司領導人為其超高經濟利益辯護的理由是「優秀的人就應得到好的待遇」，並強調他們不只是對這家公司非常重要，對於整個社會非常重要。

整個瑞典的論辯氛圍已經改變，政治的影響已經減弱，而市場的影響力卻加強了。

利益從不撒謊

經濟與思想的連結，也可以將其視為不同的利益團體，將不同的意義賦予在同樣的價值詞彙上。在瑞典當前的論辯中，有許多像這樣的例子，許多企業主認為要求廢除勞工立法是一種對自由的要求，當然，這會增加企業主決定勞動條件的自由，但對於受僱者而言，這代表他們必須仰賴雇主個人的仁慈，在工作中面臨更多的不安全與更少的自由，而團體協約與勞工立法可增加受僱者相對於雇主的自由。

如同卡爾·馬克思所說的：「利益從不撒謊」。我們應該要知道，人們對於價值詞彙，像是自由與平等所賦予的意義，經常是受到利益所決定的。在今日的論辯中，有些論者宣稱經濟差距的擴大有助於鼓勵人民勤奮與社會成長，這樣的論點總是來自於那些可透過其教育或勞動地位而受惠的團體，而從那些必須付出不平等代價的團體，也就是那些必須接受低薪工作與不安全就業條件的人們，從來都不會聽到這種要求。

就像是恩斯特·威格佛斯（Ernst Wigforss）曾經問過的問題：「自由，是的，但是是誰的自由？什麼自由？」這個問題直到今日仍然相當有意義。

勞工運動是從無特權團體經歷不平等及缺乏自由的經驗所發展出來的，從這個意義上來看，我們對於平等的要求當然是受到利益所控制：那些對於自己人生與社會擁有太少影響力的人們的利益。

當然，公共利益可激發社會民主對於平等的要求：一個平等的社會是一個社會緊張程度最低與社會衝突風險最小的社會。然而這最終涉及到誰的利益被代表以及基本價值的問題，也就是每個人都享有相同價值，而這個價值是絕對不能依照經濟實力來劃分等級的。

勞動與資本的衝突

經濟與社會組織之間的連結，最終也解釋了為什麼勞工運動總是對經濟生活的體制有強烈的興趣：在社會生活中實現民主價值的機會，與勞動生活的權力關係有密切關連。真正的民主是建立於每個人都能夠平等參與政治的前提之上，如果勞動生活將人區隔為重要和不重要的人、有權力和沒有權力的人、有權決定他人生活與連自己的生活都無權決定的人，那麼政治參與的平等將會受到阻礙。

這樣的勞動生活所創造出的不同價值觀與態度會蔓延至社會與政治生活，如果我們期待的是由具備法定資格的公民所實現的政治民主，那麼我們就不能允許勞動生活中有些人欠缺法定資格，只是像機器一樣接受命令，並且在雇主需要時被任意安排。

換句話說，民主需要一種勞動生活，讓受僱者的利益，與其雇主及資本家的利益擁有同等的重要性，並且讓各方的關係能得到平衡。

權力的平衡是社會民主的社會分析中，非常重要的一部分。

根據社會民主的分析，核心的利益衝突存在於介於勞工與資本家之間。這兩個團體間有著利益的共通點，兩者都希望能有強健的企業，維持良好的運作與生產，以創造足夠的福利資源。

但兩者在關於生產應如何進行，以及生產成果應如何分配的議題上則有所分歧：受僱者努力想提高薪資所占的比例，而資本家則希望增加利潤的比例；受僱者希望能夠影響工作時數與工作條件，而雇主則希望能夠自行決定加班、休假與解僱員工。

在理論上，勞工與資本家之間的利益衝突並不必然對社會有所損害，相反地，它可創造出促進經濟成長的動力。經濟成長需要對於兩種生產要素有效的運用：資本與勞動。如果沒有人監督資本是否被有效運用，結果將會是資源被浪費，而無法增進本來應有的福祉；而如果沒有人有權力監控勞工的合理工時、安全工作環境與其足以維生的薪資等利益，結果將會是人力資源的浪費，受僱者會被提前消耗殆盡。

歷史提供了這兩種浪費的例子，在資本家利益優先於其他利益，而受僱者只有很少或幾乎沒有機會捍衛自己利益的國家，很顯然地會產生對勞動力的剝削，帶來許多疾病、職業傷害及社會問題；在前蘇聯及其東歐的衛星國家，對於資本的利潤從來沒有任何要求，這產生眾所皆知的、無效率的資源運用，而這使勞動的投入無法帶來相對應的福利增長。

這些負面的影響可從共同推動生產的不同利益之間，亦即勞工與資本家之間缺乏平衡來解釋。生產必須建立在對資本與勞動力兩者的需求之上，當這兩種利益彼此互相平衡時，便可產生正面的效果與動力。

在勞工與資本家的利益衝突中，社會民主代表勞工的利益，但這並不是否定資本家利益的重要性，而是而是不讓資本家的利益處於支配性地位，例如去剝削其他經濟生活的參與者。福利政策與薪資結構必須考慮到經濟的現實，例如成本的高低與周遭世界的競爭，然而這種必要考量，必須與企業及資本家出於自利的要求，例如減少工會運作的空間或降低對工作環境的責任區分開來，這些議題與經濟的合理性無關，即使資本家會企圖讓這些議題看起來有關，但其實這是日常勞動條件的影響力分配的問題。

前面已經提到，社會民主的途徑是基於馬克思主義的階級鬥爭理論，亦即生產工具的鬥爭。根據馬克思的歷史進化論，階級鬥爭將會在資本主義瓦解後停止，在「無階級社會」中，將不再需要為了生產工具或生產成果而鬥爭，因為將會有足夠的資源讓每個人使用。這種無階級社會的烏托邦事實上與基督教的天堂夢想「當狼與羊同臥」有明顯的相似之處，也與不同哲學所呈現的完全和諧社會類似。

然而經驗告訴我們，不論資源再怎麼成長，永遠都不會「足夠」。需求與願望總是隨著資源而成長，當更佳的飲食與更安全的生活條件提升平均餘命，對於退休金的需求也隨之增加；當醫療研究使更多疾病能夠被醫治時，對於健康照顧資源的需求也上升了；當最基本的食衣住等需求被滿足，人們總是希望能有更多、更好的生活。在一九四〇年代，有兩個小孩的家庭從一房搬到兩房的公寓，這在當時已是生活水準的革命性提升，但在今日，正常的標準是四個房間。

關於生產成果如何創造以及如何分配，在不同的利益之間總是存在著衝突。我們從過去經驗所學到的是，這些衝突與所有權的形式本身無關，在公有事業中，例如健康照顧，我們發現與私人企業沒有兩樣，受僱者與雇主之間同樣有著薪資與勞工組織的利益衝突，其衝突背後的原因或許不同，但實際上都是關於資源——稅金與銷售所得——的鬥爭，資源無法滿足所有人的需求。

認為生產工具由集體所有便可終結利益衝突，這基本上是個錯誤的想法，因為集體所有者也會有所有者的利益：國家或工會持有的退休基金，就像私人投資公司一樣，會對於股份的收益有所要求，才能夠保障優渥的退休金。合作社形式的公有事業，就像那些私營的事業一樣依賴市場需求，而這決定了可雇用的人數及可支付的薪資水準。納稅人是公營事業最終的「所有者」，而他們也關心控制成本與壓低價格——在這個群體中，對於稅收應如何投資使用也有不同的觀點。

換句話說，利益衝突在生產中是無法避免的。結論是：我們最好要認知到這一點，並且建立明確的關係、責任的分擔與利害關係人的平衡。從經濟與民主的角度而言，這可以帶來最好的結果。

社會民主這樣的理念發展，是在理論爭辯與實際經驗的交互作用中所產生的，下一章中將就此加以說明。

第三章　社會民主理念的發展

社會民主的意識形態有許多根源，十九世紀的古典社會主義理論家從一開始就扮演著重要的角色，但自由主義與人道主義的爭辯也提供了貢獻。

在十九世紀的奮鬥期中，德國社會民主的論辯帶來很大的影響，而在二十世紀的前半葉，英國論辯（尤其是關於社會政策）的啟發也有所增強。瑞典社會民主中的一個基本要素：人民運動的理念，起源於瑞典農民社會的自治傳統，其後擴展到「自由教會運動」(Free Church Movement) 與「禁酒運動」(Temperance Movements)，並由此發展到勞工運動。

當前社會民主的意識形態也受到我們在政治運動中的經驗所型塑；透過實踐的經驗，將理論測試、發展、再造，有時理論也被揚棄。

關於自由與平等這些重要問題，已在奮鬥期中解決，但新的問題接著來到，這需要新的思維方式與政治運作方式。意識形態並不是靜態的，儘管基本價值不變，但關於需要做什麼，卻會隨著所在的社會而改變。

在十九世紀末，勞動者在社會民主與工會運動下團結起來，是為了要求更公平、更平等的政治力量與物質福利的分配，而傳統社會主義理論家認為其解答在於生產工具的社會化──國有化。

其後，社會民主的理念已從國有化的想法朝向更多元、多樣化的民主決定模式發展，我們的政治經驗也使我們對民主與經濟多樣化的需求有更深的理解──因此我們也得到一個結論：國有化並不是能達成這些目標的解決辦法。

相對地，社會民主的模式是將民主的地位置於市場之上的模式，透過這樣的模式，民主權利能夠對經濟與企業訂定規範的框架，在這個框架中，企業、受僱者和消費者彼此能夠根據他們自己的偏好與目標自由行動。

在今日的瑞典，國有化的議題並沒有實際的迫切性，當前最迫切的問題是一些根本性的議題，包括對經濟生活的權力、民主與政策相對於市場的角色，以及受僱者相對於企業及資本家的影響力。事實上，我們對於所有權的議題仍有所討論，但這個討論的方向並不是國有化的支持者想把私人企業國有化，而是相反地，是市場的支持者希望將公共財產與公共經營的設施私有化。這些私有化的動機，就如同過去傳統的國有化要求一樣，是出自於意識形態的想法，或許也可以說，並不是基於事實所驅動。

對於社會民主而言，所有權的議題是一個實際的問題，而不是意識形態的問題，在理念的論辯上，區分議題的目標與手段是很重要的，一般而言，手段與方法除了少數例外，並不帶有意識形態。從意識形態的觀點來看，決定方法的關鍵因素，當然是它們所要致力的目標，而不是方法本身。

社會民主的途徑並不符合傳統將集體所有視為目標的概念，然而，我們與右派基本上以利益導向的觀點並不同，我們不認為私人所有或私人運作總是較好的。從務實的觀點來看，我們根據現實環境來探討這個議題，有時候結論會是私人所有與運作較適合，有時候則是公共所有或公共生產較佳。

以下我們將描述社會民主理念的發展以及其對於經濟權力的觀點，從完全的公共所有權理念談到民主控制的模式與看法。接下來會探討民主與市場之間的關係，以及雇主／企業與受僱者關係的議題。

馬克思主義

卡爾·馬克思（Karl Marx, 1818-1883）是十九世紀後半葉在歐洲政治哲學論辯中，形成社會主義理論的核心人物，不過他大多數的著作，是與弗里德里希·恩格斯（Friedrich Engels, 1820-1895）共同創作的。在後世的人們眼中，馬克思看起來可能比他當年實際上更有影響力，在當時還有一些其他對當代論辯至少有同等影響力的重要理論家，像是貝貝爾（Babel）、拉薩爾（Lasalle）與德國所謂的學術社會主義者。這些理論家所論辯的主題是相同的：批判資本主義及其所創造與強化的社會分隔，但他們就如何解決這些問題，以及對未來社會發展的看法，則有不同的觀點。

不過，在這些政治論辯中，馬克思的理論卻是以一個完全不同的方式存續，隨著蘇聯共產主義的出現，他的理論影響了整個二十世紀的歷史。

早期瑞典社會民主中的很大一部分，也是以馬克思的理論為基礎建立其社會觀，另外也有其他理論家的影響，包括學術社會主義者以及瑞典獨特的元素。

因此，瑞典的社會民主從一開始就對工會採取非常正面的觀點，但這其實並不符合傳統馬克思主義，如德國馬克思主義者的解釋。瑞典的人民運動根植於當地農民社會自治的傳統，這對社會民主產生明顯的影響。社會民主改編並重新詮釋馬克思的理論，並根據他們自己的經驗，增減一些內容。在大多數宣稱實施馬克思主義的國家都是這樣：將馬克思理論根據當時的社會與時代，重新詮釋與改編，所有採取馬克思主義的政治團體也都自行篩選與改編理論。

根據現在的用語，馬克思是一個歷史學家、社會學者與經濟學家。馬克思發展了歷史唯物主義的方法（儘管很明顯地他不是唯一這麼做的人），而這在許多方面都影響了歷史研究。馬克思的異化理論也對現代社會學提供了重要的刺激，部分關於資本主義的研究直到今日仍然反映某些現實，包括集中化的趨勢，但其他部分如剩餘價值理論，則在很久前就已經過時。

雖然馬克思高度地參與他那個年代的政治論辯，但他的社會理論（通常以「馬克思主義」著稱）並非政治意識形態，也不是政治的行動方案，馬克思也為其理論被用於這些方面而辯護（據說他曾經表示過：「我不是一個馬克思主義者。」）馬克思與恩格斯就社會發展的定律，共同發展出一套歷史哲學理論，且根據歐洲的經濟史，推導出許多關於未來發展的結論。

根據「共產黨宣言」（Communist Manifesto）的論述：「所有的歷史都是階級鬥爭史」。階級鬥爭指對於生產工具與生產成果分配方式的經濟鬥爭，是介於掌握核心生產工具的階級，及對生產工具缺乏權力的階級之間的鬥爭。因此「階級」這個詞被用來定義生產過程中，處於不同地位的團體，尤其著重於其對生產工具的權力，而不只是一般性的社會特徵。

這樣的鬥爭不斷驅使歷史前進，但要到新的科技或經濟條件使新型態的生產工具變得重要以後，權力結構才會發生改變：掌控新生產秩序最重要資源的階級，從掌控舊生產秩序主要資源的階級奪走權力。十八世紀的西歐就是一個例子，當科技發展與蓬勃的貿易使金錢成為比土地更重要的經濟資源後，傳統的地主貴族階級逐漸被商人與實業家所組成的新興中產階級所取代。

馬克思認為社會主義社會是階級鬥爭的終結，當社會的生產工具被每個人共同所有時，不需要再為了擁有生產工具而鬥爭，這樣的終結是生產力自行發展的結果，由於生產成果多到足以滿足每個人，因而不再需要任何對於分配的鬥爭。

因此，根據馬克思的看法，資本主義是在社會主義之前的最後一個必要階段，因為只有透過資本主義才能夠推動強大的生產力發展。

但資本主義的本質無法處理如此強大的生產力，並公平地分配生產成果，這無可避免地會製造社會緊張及經濟危機，而導致社會的崩潰。

資產階級與無產階級最終的階級鬥爭將會爆發，而無產階級革命會獲得最終勝利，生產工具會被國有化，而無階級的社會將會誕生。

換句話說，無階級的社會與生產工具的國有化是科技與經濟發展的自然結果，而不是某種刻意使其發生的政治計畫。馬克思在「政治經濟學批判」中這樣寫道：「生產秩序在發揮到其極限之前，是不會滅亡的」，也就是說，在時機或經濟發展成熟以前，社會是不會改變的，實際上，馬克思理論排除以政策作為達成社會決定性改變的工具，因為其理論認為這樣的改變是科技與經濟發展根據內在、固有邏輯的必然結果。

什麼都不做，只是靜待發展，這樣的策略是一個差勁的政治計畫，尤其如果這個發展的時間點是在一個不確定的未來，當許多人日常生活在無法容忍的貧困生活條件，對於改變的要求幾乎要爆發時。因此，在十九世紀出現許多政治策略企圖加速這樣的發展，其中有一些對於基本馬克思主義理論採取較自由的詮釋，而有些則是以較自由且務實的途徑，發展出新的政治結論。

革命或改革？

以上的討論意謂著大約在進入二十世紀時，歐洲與俄羅斯的社會主義政黨可分為兩種主要團體：革命派政黨與改革派政黨。

革命派政黨希望以武力的方式，加速發展以達成社會革命，而不光只是等待生產條件的改變，儘管根據馬克思的看法，生產條件的改變是革命的先決條件。當我們已經知道最終階段的結果，何不跳過中間的等待時間，直接去做呢？

改革派則是希望開始改變當時的日常生活，使勞工階級的生活條件得以改善。相對於一次性的武裝革命，他們看到漸進改革、成為更平等與公平社會的可能性。資本主義已經解放了生產力，為什麼不立即開始以較合理的方式重分配生產成果，而要等待它的崩潰？為什麼不立刻開始呢？

選擇革命策略的黨派——儘管只有在俄羅斯實際得以付諸實踐——逐漸被稱為共產主義者，而那些選擇改革路線的人則被稱為社會民主主義者。

這兩種模式以非常不同的方式發展。

社會民主黨早期吸引了許多追隨者，很早就開始在斯堪地那維亞國家執政，並後續在英國及許多西歐國家取得政權，從此之後，這些國家的政府在社會民主黨與右派政黨之間輪替。

當然，這些國家並沒有完全以相同的方式發展，儘管社會民主的強大地位使它們具有一些重要的基本相似性。強健的福利系統賦予每個人接受教育、健康照顧、退休金、疾病及失業時經濟保障的機會。工業化的生活除了如照顧與教育等社會服務以外，基本上是建立在市場經濟的原則之上，但是產業的遊戲規則及架構則是透過政治決定，以保障某些社會利益，例如環境的需求。

國際研究經常特別以北歐國家——這些國家的社會民主擁有最強的影響力——作為福利政策可結合經濟效率的例證。

相對地，一九一七年的俄國革命並非出自於大眾反抗沙皇政府的壓迫，而是一小部分的革命團體奪取政府與軍隊，並進而控制整個國家。

其後革命實施了馬克思主義的集體化原則，而不是由勞工影響生產與社會的原則，實際上，這個革命只代表一群擁有權力的菁英團體——傳統貴族，被另一群掌握黨權力的菁英團體所取代。

他們實施了一些基本的社會改革，例如受教育與健康照顧的權利，但仍然維持數十年極嚴厲的政治壓迫。

蘇維埃政府投入了許多資源，以推動國家工業化，就像其他地方一樣，工業化帶動了大幅的經濟成長。對於經濟的中央控制——計畫經濟——動員了許多資源，投入於生產需求相當一致的基礎產業的必要投資上，這在工業化過程的初期非常有效。然而在過了初期以後，對於差異化、彈性與專門化的需求增加了，這些需求難以與強力的中央控制結合。事實上，它們需要許多不同的工作方式、迅速與彈性地嘗試新想法，以及適應當地條件與不同類型需求的生產。

因此，蘇聯經濟政治系統的缺乏彈性，阻礙了經濟進一步的發展，而當一九八〇年代實施更開放的政治改革時，已經為時已晚，由於其內部本身的矛盾，導致整個系統的崩潰。

就上個世紀交替時關於改革與革命路線的論辯，現在我們已有答案，我們認為改革主義已證實是個可永續的方案，其原因很簡單：不論一個政黨是透過選舉的勝利或革命取得政權，在這之後都必須面對新政策實際上應如何制訂，以及該如何適應經濟現實的無數細節——也就是實際的改革工作。

老革命家夢想的系統巨大變革，希望社會能夠馬上轉變成一個完全不同的社會，這在現實中完全不存在。

社會變革的過程總是需要時間，而在開始實施改變後，會開啟一個發展的過程，這或許又會需要更多一開始無法預想到的新改變，這樣的過程不能由那些居於上位的統治菁英，替那些受影響的人民決定。

如果社會的變革要永久持續，必須要獲得社會中公民的支持，並需要一個人人可參與並發揮影響的過程——而且，需要不斷的準備、反覆檢視與進一步發展。

時代的產物

馬克思是一個科學家，他的理論應該被視為一套科學系統，目標在於展現世界與人類社會發展的形態。

企圖以一套鉅型、連貫的模型解釋我們的生活方式，是十九世紀典型的產物，在許多地方都可見到這樣的想法，認為社會發展是依循某種法則所控制的進程，並可以科學化地發現與證明。這是受到十八與十九世紀科學的大幅進展所啟發，當時的許多發現顯示過去被視為神聖與其他超自然力量干預的事物，其實都有一致、可解釋的結構，很自然地會認為在社會生活中也有類似的形態。

今日，即使是自然科學在解釋純自然的發展時，也不會宣稱可以完全受法則支配或可預測的體系進行解釋，社會科學則當然更不會如此。

然而，建立某些連結和可能性確實是有可能的，人們能夠辨認出某些在經濟與社會生活中運作的機制，而這些機制的效果在某種程度上也可預測。

在一個擁有成千上萬人的經濟與社會中，許多改變的需求與期待相互交織，並有許多不同的力量持續運作，其中有些互相影響，有些則互相抵觸，事物發展的方向無法完全預先預測，其並非事先決定的，而是取決於人們活動的影響。

支持經濟與科技的條件固然有其重要性，但發展也未必機械式地依這些條件而定，而是受到人們處理這些條件的方式所影響。

如同我們之前所提到的，馬克思主義的理論提供了兩種重要的分析工具：唯物史觀及勞動與資本的利益衝突。重要的是必須要了解到，這些只是分析、研究社會與經濟的工具，而不是現成的答案。在部分的左派的論辯中，馬克思有時會有點像是宗教的教主，他所說過的話（有時也不太清楚）變成不容質疑的指導原則。這樣的傾向在當前的爭論中也可能出現，對於這種盲目的字面解釋應該要非常小心，社會主義本身的歷史就顯示了這種現象有多麼危險，且多麼容易對理想的實現產生反效果。要往理想（像是自由與平等）更近一步，只有透過公正無偏見與追根究底的方式，探討什麼方式才能夠對今日的世界帶來最好的狀況，而不是只從字面上解讀馬克思或在其他時空中活躍的大師。

對於所有權與資本的觀點

根據馬克思主義的歷史哲學，在資本主義崩潰之後，生產工具將會由集體所有，這種形式的所有權是發生社會變遷之後的結果——而不是驅使這種社會變遷發生的手段。

但是從十九世紀末就開始出現論辯的轉變，對於事物如農業、自然資源、工廠與銀行的國有化或集體化，開始被視為一種改變社會的方式。在二十世紀初許多社會民主的論辯中，都可發現這樣的觀點。同時，關於這種集體所有權應如何組織，也出現了一些混淆，有些人建議應該國有化，有些人主張應由工會所有，另外也有人主張其他形式的合作社。

當這個論辯觸及集體所有權要如何處理許多基本的商業議題，尤其是勞動與消費者期待之間的問題時，就變得更模糊了。有一種論述認為生產某程度應該建立在計畫經濟的基礎上，但計畫的基礎為何？科技與需求變化的影響應如何納入計畫中？與消費的自由權應如何配合？這些問題從來都沒有得到解答。另一個無法逃避的核心問題是，像瑞典這樣的出口導向國家，因為其生產量必須依賴許多國內無法控制的因素，那麼要如何計畫出口的生產，才能確保某程度的長期確定性？這個問題一樣也沒有解答。

社會主義從來都沒有出現過商業理論，因為國有化的論辯並不是真的關於經濟，而是關於權力。其批判是針對非常扭曲的權力分配，資本家追求自身利潤的利益高過於其他社會中所有的利益，並經常導致對於其他利益的剝削與壓迫。

生產工具的集體化被認為是可以改變這種扭曲的權力分配的一種方式，但如何在實際上執行、如何在財務上資助這種所有權的改變、以及如何後續經營企業等困難，與以民主影響社會的初始經驗相結合後，引發了新的論辯。新的論辯在一九二〇年代出現，並在一九三〇年代隨著對民主與經濟多樣化的需求有更深的理解後更加強化：人民作為公民、受僱者與消費者，必須要能夠發揮影響，而其前提為必須要有許多不同的影響方式。蘇聯的負面經驗顯示，將權力集中於國家和將權力集中於私人資本一樣危險：在這兩種情況下，生產設備的控制者（國家或私人資本）與被控制者掌握的權力有巨大的落差，因此，關於掌控生產工具這個社會主義的核心議題，其答案並不在於對生產工具控制的集體化，而是在於控制手段的分散。

新的論辯聚焦於生產與生產成果的決定權，而不是所有權本身。強大的工會改變了工業生活的權力關係，稅收與社會立法重分配了生產的成果，法規設定了企業行動的框架，但不對生產的樣態進行控制——因為那必須由消費者的需求所決定。

所有這些都意謂著社會的轉變。

這些論辯背後的主要理論家是尼爾斯·卡萊比（Nils Karleby, 1892-1926），但恩斯特·威格佛斯（Ernst Wigforss）與厄斯滕·溫登（Östen Undén）也是形成這些新思維的重要推手。

這是新理論的開端：透過普遍選舉權與政治民主，所有公民——不僅是那些擁有財富與高收入的人——都擁有影響社會議題的權利與能力。

工會的壯大使受僱者擁有挺身對抗資本家，爭取自己需求與利益的力量，這意謂著資本家權力與影響力的降低——藉由行使這樣的新決定權，社會也能夠在不改變所有權本身的情況下產生轉變。對土地或工廠的所有權不再讓所有權人可以無視對周遭環境與其他人的影響，而自行對土地、工廠與受僱者做決定，其使用必須配合相關的規定，以保護周遭環境與其他人。

卡萊比在其一九二六年的書「面對現實的社會主義」(Socialismen inför verkligheten) 中，提出此觀點的理論基礎，並成為社會民主發展與立基的觀點。土地、自然資源、銀行與企業沒有被國有化，而是由民主選出的組織，制訂活動的框架與規範，以保障公民的共同利益。

此發展初期重要的一步是一九三〇年代時啟動的積極經濟政策，這代表一種政策（民主）干預市場不平衡的權利與能力的新觀點（見第一章社會民主歷史的章節）。

大規模的社會改革從一九四〇年代起開始執行，這也意謂著權力的移轉：以稅收資助社會公用事業，例如學校與照顧服務，這也代表生產成果以一種對薪資工作者更安全、更自由的方式進行分配（見第四章「普遍性福利政策」）。

> 公眾也可以透過立法參與，以一種嶄新的方式規範所有權的內涵，這樣的立法甚至不需要改變所有權，從社會─政治的觀點來看城市規劃立法、公共衛生法、所有社會福利立法、財政立法等，它們與一系列根據公共利益對於所有權的規範又有什麼不同？
>
> 尼爾斯．卡萊比（Nils Karleby）

一九七〇年代起的勞動立法，使就業與工作條件成為一項雇主與工會談判的議題，而不再像過去一樣只由雇主單方面決定。從一九七〇年代開始，環境立法在對於企業必要的政治規範框架中，也已變得更加重要。

勞動與環境立法可說是朝著同樣的方向前進：它們的原則都是認為資本這個生產要素，並不高於其他的生產要素，生產條件不能只考慮到資本家的利益，勞動與自然資源這些生產要素至少與資本同等重要，這些利益必須透過一個整合的決策過程，共同形塑工業生活。由於資本要素有對於利潤的要求，這有時與環境利益及薪資工作者的利益會有所衝突，因此由資本利益的代表同時代表其他兩種生產要素的利益是不合理的：它們的利益必須透過工會、勞動立法與環境立法分別維護，關於工業生活運作的各種需求，它們的利益必須與資本家的利益平等看待。

這樣的觀點承認資本要素的重要性，較傳統的社會主義者也許會認為這違背了傳統的理論及追求經濟民主的努力。然而，就如同我們已經說明過的，傳統理論是探討經濟權力的理論，而不是商業經濟的理論。當其他生產要素被置於與資本同等的地位時，經濟權力就已經改變了，但從商業經濟的角度而言，要求資本的合理運用是不可能避免的，也就是說，要確保資本這個生產要素——及其他生產要素——都儘可能最佳地運用，不論其所有權形式為何，這個原則皆應有所適用，在這個意義上來說，要脫離「資本主義」是不可能的。

因此，要放棄合理使用資本的要求是不可能的，因為不合理與無效率地使用代表金錢被浪費掉，國家經濟所獲得的福利也會比其投資所應得的更少。就其真正的意義上來說，可以說這牽涉的其實是如何使生產合理化，亦即避免資本以製造體系中其他部門損失的方式獲利。

所有的經驗皆顯示當沒有其他力量能夠節制資本的利益時，資本家會藉由剝削或是降低對於其他生產要素的付出而獲取利潤，而這會導致環境的破壞或勞動力的過度消耗。

這種對於勞工的無情剝削曾在十九世紀的瑞典發生過，今日也在許多發展中國家發生，這些國家在缺乏政治與工會節制力量的狀況下，資本家得以自行決定生產條件。

不平等的權利關係再度地製造了差異，這樣不對等的權力分配應該要被改變，但要走完全相反的路，完全無視有效運用資本的要求也是不可能的。

環境與健康的需求永遠必須優先考量：透過傷害環境或人民健康而獲利，都不能算是對資本有效率的運用，但如果經濟要繼續成長，並且創造新的福利資源，在工資、工時、稅賦、投資的需求、科技創新等議題上，都需要考慮資本的回報。

這種途徑的解決方案是「社會市場經濟」或「混合經濟」：這種經濟承認工業生活中有不同利益的存在，每個人都擁有各自應得的利益，因此需要平衡每一個人與其他人之間的利益。

這並不是傳統社會主義理論所預測的大規模體制變革，但民主與社會規範的市場經濟仍然是一種體制的變革，由少數利益所控制的社會，轉變成以多數人的願望與需求為基礎的社會！這種轉變的形式與過去所想像的不太一樣，但無損其依然屬於根本性轉變的事實。

第四章　生產成果的分配

自由及平等的議題牽涉到權力與福利的分配，前者關係到社會與工業生活，後者則牽涉到生產成果。

生產成果在社會不同目標與不同階層間的分配方式，部分取決於薪資，部分則取決於稅制（更精確的說法應該是稅制及稅收所支付的社會公用事業）。

在瑞典，利潤與薪資的分配是透過雇主團體與工會的薪資協商所決定，許多其他國家有最低工資的立法，但在瑞典，薪資的議題長久以來理所當然地由勞動市場的當事人自行談判。對於社會民主而言，這是勞工有權影響勞動條件的一種表現：這種權利應該由勞工自己的組織來直接行使，而不是間接地透過國家。

有些重要的設施，即使薪資的成長狀況還不錯，光靠一般薪資工作者的收入也還是難以負擔的起，因此多數國家都提供某種形式的社會事業，給予每個人得到健康照顧與教育的機會。一般而言，在經濟越發達的國家，這些社會事業提供服務的程度也越高，這代表選民的需求：關於應如何使用這些增長的資源，社會福利在這些討論中擁有高度的優先順位。

一般而言在瑞典及北歐國家，相對高比例的國民生產毛額會透過賦稅進行重分配——稅收來自於利潤及薪資。金錢透過這種方式流入政府，再以健康照顧、學校、托育、老人照顧、退休金、兒童津貼與健康保險（在某些例子中）等形式回到國民身上。部分的重分配是透過金錢的直接移轉，另一部分則是經由稅收資助重要的社會服務，例如照顧與學校，使每個人能夠在經濟上獲益。

福利國家

福利政策（最初被稱為社會政策）從一九三〇年代開始發展：失業保險、免費的母性福利、一些身心障礙者津貼與休假的權利（一開始為隔週休假）都是當時改革的幾項例子。但大規模的改革是在一九四〇年代末期及其後的數十年間才開始進行：包括兒童津貼、小學、健康保險、附加年金（ATP）、公共托育與成人教育。「福利社會」或「福利國家」的名稱，也大約在一九五〇年代中期起更加廣為使用。

福利國家的主要意義，並不在於物質福利的增長，而是在於社會觀點的突破，亦即公民能夠透過國家，共同保障彼此許多基本的社會需求，例如接受教育及健康照顧的權利、在遭遇疾病或失業時獲得經濟保障的權利等。因此，這些服務應該由稅收所資助，並且根據平等的原則開放給每一個人。

社會民主的福利政策，在意識形態上是受到自由、平等與團結的需求所啟發。接受個人適當的教育、能夠照顧個人的健康、在勞動生活出現大變化時不至陷入困境、老年的經濟安全等，都是影響個人掌握其生活與參與社會的重要因素，如果個人要擁有這樣的自由，所有社會的居民不論其經濟資源的多寡，都應該有得到這些的平等機會，像教育、健康照顧與老年經濟安全這些東西，應該是每個人都能享有的基本權利。

團結的價值觀也要求我們應該互相保障這些權利。

如同我們先前（第二章）所提到的，團結是一個雙向的概念，涉及到相互依賴與相互關照。福利政策也有這樣的雙重意涵：它牽涉到個人的福利，也涉及到社會的福利。例如接受教育與健康照顧的權利，對於個人的生命機會固然重要，但若每個人都能夠得到良好的教育與健康，也代表更多人能在工作上有所貢獻，而這也會使整體經濟更為茁壯；當個人遭遇疾病與失業而難以維生時，提供經濟保障不只是提供個人的安全，也包括社會的安全，這可減少因貧窮及弱勢而產生社會問題的風險。

福利政策在許多面向上也涉及權力的分配，普及的托育是突破傳統性別模式的必要條件，因為這賦予女性對自己生活更高的控制權。失業保險提供人們足夠維生的收入，這可使個人不必被迫接受條件非常惡劣的工作。

避免失業創造出沒有談判條件的勞動後備軍，這對維持勞動市場合理的工作條件是很重要的一件事。

普遍性的福利政策

社會民主的福利政策是根據普遍性的原則（有時候也被稱為普及主義），這意謂著社會福利是由稅收所支付，且應該以同等的條件提供給每個人。這些福利不應該基於需求或資產的調查（亦即只提供給低收入的民眾），除了少數的例外以外（如租屋津貼、生活扶助），這樣的原則適用於瑞典整體的福利政策。

普遍性意謂著高收入的家庭也可以像低收入家庭一樣，領取兒童津貼、免費兒童教育以及接受醫療照顧時支付一樣的費用。有些人會對這樣的原則提出異議，認為這從分配政策的角度而言是錯誤的，把金錢投資在最需要的人會比較好。

對於較高收入者也提供稅收資助的福利，其動機其實很簡單。如果每個人都共享這些由稅收所支付的福利，那麼每個人就會真正有興趣和意願付出貢獻，這可有助於建立更好及更穩定的體系，而最終會有利於那些經濟弱勢的群體。

事實證明，瑞典的普遍性系統體系相較於那些基於資產與需求評估的體系，確實更加平等。後者有較吝嗇的傾向，那些必須付出但得不到任何回報的人，會試圖儘可能降低他們付出的額度，而這也意謂著給付的程度會降低。

瑞典的稅賦相對而言是比較高的，但這仍然受到民眾廣泛的接受，因為民眾知道他們也可以得到一些回報，這也代表這樣的體系會更穩定。

普遍性福利政策的原則是對等的，但這不代表每個人的福利給付都一樣多。在社會安全系統中——退休金、健康照顧、失業給付、親職保險（譯註：parents insurance 主要是提供父母親享有的育嬰津貼）——其對等在於所獲得的給付，都等同於先前收入的某個比例（但有某個上限），而不是在於名目上的金額一樣。在社會服務的部分，學校、健康照顧、托育——原則上每個人的費用都是一樣的，但在健康照顧有最高費用的保護，也就是民眾對於醫療診療與藥品頂多支付到某個上限，使健康狀況不佳或是有長期疾病的患者，都可得到特別的經濟保障。這與那些對慢性疾病及身心障礙者收取較高保費的私人健康保險系統，有明顯的不同。普遍性福利政策代表稅收所資助的給付／權利涵蓋所有國民，但這不代表稅收總是支付全部給付／權利的費用。

個人就其所使用的福利負擔一些經濟責任是合理的，但是不應該讓任何人因為經濟的原因，而被迫放棄某些服務，例如照顧。對於看病所收取的費用（其實仍只佔實際成本的一小部分），可用來預防不必要的看病，而增加照護服務不必要的負擔。健康保險給付的限制日（qualifying day）規定是為了避免民眾只因為覺得疲倦或一點不會真正影響工作的小病痛就待在家裡不工作。

福利政策的批評

在十九世紀的社會，許多人即使努力工作，仍然無法防止疾病、失業或老年所帶來的經濟問題，因此需求與貧窮帶來了「社會議題」的論辯。

在自由及社會民主陣營，都出現了提供社會保障的要求，特別是老年的退休金以及職業事故的經濟保障。

然而保守陣營卻提出強烈反對，其中一個主要論點是，這會導致勞工對自己的經濟狀況不負責任，浪費金錢而依賴他人接濟。在一八九五年，議會就以這樣的理由，拒絕了一項（微薄的）勞工退休金提案。委員會的文件中寫道，提供勞工退休金會使勞工「不再依靠他們自己的力量及深謀遠慮」。在更早的議會論辯中，也曾提到對於勞工提供社會保障「不會鼓勵謹慎、小心與慎重，而是促進漠不關心與疏忽」。一名田園主義者黨（Ruralist Party）議員也說道：「這可能會導致一種危險，灌輸民眾一種照顧自己未來不是那麼重要的想法，因為反正國家會負責照顧」。

類似的論點在一九三〇年代也被用來反對失業保險，宣稱失業保險會導致失業者不努力找工作。一九五〇年代時，右派政黨也發起一項運動，反對所謂的「福利國家心態」。在一九九〇年代後，右派政黨又以類似的說法談論「社會福利依賴」。

因此，對於福利政策（或可說是對於社會及保險系統）的批評並不是件新鮮事，其論點大致上是差不多的：民眾會變得消極、期待他人幫他們解決自己的問題、詐取比他們所應得的更多的金錢、不尋找工作，以及沒有真的生病也待在家裡不工作。

然而，所有嚴謹的調查都顯示，真正的欺騙——人們詐領他們不應得的福利給付——是非常少的。當然，不能因此就輕忽這個問題，但應該要考量到這點，尤其不應該以類似這樣的理由反對福利政策：即使某些人有欺騙的行為，但這並不影響當民眾遭遇疾病或失業時，提供其經濟保障這件事的重要性。

當然，詐領失業給付或健康保險的行為，就如同其他形式的經濟犯罪一樣，不應當被容忍。防止詐欺的措施包括建立更完善的監控機制，以及對於詐欺者的懲罰，但不是用提供低給付的方式，處罰每一個生病或失業的人。

健康保險與失業給付的目的並不是，也從來都不是要提供終生的經濟支持，在這兩種情況下，其基本原則是要對人們因疾病或失業而失去收入的那段期間，提供經濟保障，其假設是人們會回到勞動市場。

因此福利政策也包含了「活化」(activation) 的原則，這是從一九五〇年代就開始實行的政策。一個失業的人原則上應該先尋找工作，但也擁有權利和機會接受訓練，以提升他們在勞動市場的機會。

因長期患病而請假，以及因疾病或受傷而阻礙他們返回原來工作崗位的人，都應該有獲得復健的權利。

目前關於疾病與職業傷害的復健，不論是在健康照顧或工作場所的部分都仍有不足之處，但這是應該要發展更完善復健方式的理由，而不是因此去改變在疾病或失業時，提供個人合理經濟保障的原則。今日的問題並不在於保險系統使有健康問題或職業障礙的人「安逸化」，而是職場並沒有提供空間給他們。這個問題無法透過對不適應職場工作的人減少給付而改變，而是需要從問題發生的源頭來解決，也就是職場。

就福利政策實際運作的方式、其多大程度達到目標、以及任何可能的問題與缺點持續進行檢驗，是一件必要且重要的事。

但同樣地，對於福利政策的批評進行審慎的檢驗也是很重要的，不能只因為現行體系運作的一些問題就因噎廢食，例如拋棄整個對生病與失業者提供合理經濟支持的模式。

個人與社會

個人應當對自身的健康與生計負責，不能將其責任轉嫁給福利系統，但也不應該期待個人就其無法掌握的社會發展因素，以及顯然不能歸責於個人缺陷的社會問題負責，例如把失業當成是個人缺乏工作意願的問題，而不是整個經濟結構缺乏工作！

瑞典請病假的人數從一九九〇年代就開始增加，許多人將此歸因為「態度轉變」，認為許多人雖然沒有真的生病也領取保險給付。

然而，這種個人「態度轉變」的實際證據相當薄弱，但職場「態度轉變」的證據卻非常明顯——今日的職場對於「健康良好」的要求，不論在生理上與心理上都比二十五至三十年前要求更高。

「工作能力」的意義並不只是純從醫學角度來定義個人是否有能力處理工作，而是牽涉到職場對於個人的要求。如果職場的要求比以往更高，那麼很明顯地，會有更多人即使並沒有嚴重的生病或受傷，也會無法符合這樣的要求。

職場的要求在過去數十年已越來越高，這意謂著職場對人的消耗程度增加了，但對於那些開始喪失能力的人，提供的照顧機會卻減少了。

這對受到影響的人們以及整個社會，都是極度嚴重的問題——部分是因為這會增加福利系統的支出。

在福利支出上升的同時，經常出現一種對於福利政策的批評，即所謂「福利依賴」的症狀。在此論述下，其中一種降低成本的方式是減少對個人的福利給付，即使它並沒有解決遭受職場排除的根本問題。

如果你認為這種方式真的可以對他們有益，使他們更積極、讓他們對自己的生計負更大的責任，那麼很好，你可以不需要再為那些生病與失業的人感到良心不安了。

讓我們回到「福利政策的批評」這個段落一開始的討論：保守團體不論過去與現在，總是傾向於認為社會安全對於個人道德，尤其勞工階級的道德是有害的。

當一八九五年議會拒絕由稅收資助的老年退休金提案時，當時的理由是因為認為這會使勞工不再願意存他們自己的退休金。在二〇〇六年右派的議會多數削減長期失業者的給付時，實際上這是針對勞工團體：大多數的長期失業者是在瑞典工會聯合會（Swedish Trade Union Confederation）這一方。

失業給付的改變、加上新的由稅收補助的低薪工作以及勞動立法的鬆綁，都是為了要削弱勞工階級就薪資與工作條件的談判地位。

如同我們先前所提到的，福利政策不僅只涉及物質資源的分配，它也牽涉到權力的分配。權力分配才是長期數十年以來，這些對福利政策驚人相似批評的根本原因。

值得一提的一點是：福利政策的批評主要是針對健康保險與失業保險，包括要求加強檢查與監控，以及明顯對於個人選擇權的限制與侵害，這些批評是針對藍領勞工最重要的福利政策，因為這些勞工是失業與工作相關疾病的高風險族群。

然而在其他部分的福利政策領域：如照顧與學校等公共服務，右派在這部分的批評則正好相反：要求更多個人選擇的自由、降低對於資金分配的政治控制、減少資金使用的規範。可以這麼說，這部分的福利政策是中產與上層階級受益最多的政策！

事實上，明確規範資金的使用方式以及檢查資金使用是否合乎目的，這樣的要求不論是在社會保險或是公共服務都應該是一樣的。瑞典正面臨著一項議題，當老年人口的比例正在成長，以及越來越多的年輕人在接受教育時，應該如何籌措更多資金以提供福利？在這項討論中，我們必須對保險系統與公共服務提出相同的問題：什麼是當前最迫切的？我們如何把資源運用在我們同意優先性最高的地方？

這不可避免地需要對公共服務與社會保險領域的資金有同等的民主控制。

第五章　市場與政策

市場模型

當前關於「市場」與「政策」的討論包含了許多有關民主運作、經濟動力與個人及集體間平衡等原則的重要問題。很顯然地，這些討論與一九八〇年代起，資本利益的力量相較於社會其他團體的增強有密切相關，要求增加市場的影響實際上等於是要求市場上一部分的行動者，亦即生產者／企業，有更高的行動自由。在當前的論辯中，很容易就可以找到這樣的例子——特別是在財經報刊上！「市場」這個詞被當成是「私人企業」的同義詞。因此，或許有必要先釐清「市場」與「市場經濟」的概念實際上究竟代表什麼意思。

如同我們所知道的，市場是交易的地方。在以前的農業社會中，市場純粹是一個實體地點，許多生產者各自到那邊展示他們的產品給購買者看，而購買者也跟生產者一樣，各自到市場看是否可以找到他們需要的東西。

如果買家發現某種他有興趣又認為價格合理的東西，那麼他們就會進行交易。相反地，如果價格超過消費者付的起或願意付出的金額，賣家將無法賣出他的商品。而如果價格太低，賣家將打包回家，不再來這個市場。

這些交易場所是「市場經濟」經濟模型的發源地，它代表一種體系，在這體系中，商品的供給是由價格機制所決定，亦即消費者願意支付的金額與生產者要求其工作報酬金額的交叉點。

這樣的模型以市場可自由進入為前提，每個想生產與販賣商品的人都可以這麼做，而有錢的人也可以自由選擇要買什麼東西。

生產者之間的競爭會壓低價格，因為沒有人會向那些價格較高的人購買。由於消費者想要的東西不同，支付能力也不同，因此生產者會生產不同類型的商品，根據這個模型，這會使資源更有效率地運用以降低成本，而廣泛的供給也可增加消費者的選擇。這也是在經濟上與意識形態上支持市場經濟的論述。

現實中的市場

市場經濟以私人企業有自由進入市場的權利或條件為前提，但這個前提事實上並沒有被滿足，並非所有私人企業的行動都符合市場經濟的理想模式。

需要有「私人企業」以外的東西，才能夠確保「市場」可提供經濟效率、多樣性與選擇自由等這些意識形態與經濟上支持市場經濟的理由。

這需要生產者不具有可片面決定價格的支配地位（獨占或寡占），也需要消費者有類似的購買力，沒有任何團體能夠透過其特別強大的經濟需求扭曲供給，對於某項產品需求的增加總是能夠被供給的增加所滿足，且每個人都能夠自由參與競爭。

就如同經濟學教科書的作者經常指出的，除了某些短期的地方農產品市場以外，從來沒有任何一個情況是所有這些條件都滿足的。

在現實中，消費者從來都不是平等的——有些人比其他人更富有，因此生產者對於他們的需求有更大的興趣。消費者經常處於一個相對於生產者較不利的地位（從經濟學上來講，這稱為「不對稱關係」），特別是當需要具備某些知識，才能夠判斷產品的品質與價格時。

生產者也不是平等的——總是有人比其他人更強大，有能力將競爭者逐出市場並控制價格。儘管表面上看起來，進入市場是自由的，但實際上進入市場經常是有限制的，例如要獲得足夠的資金生產汽車，並不是件容易的事，企業也會企圖使他們的品牌勝過其他品牌以避免競爭，大部分的牛仔褲其實都差不多，但有些公司因為他們獨特的品牌，可以取得特殊的地位，而這（當然）意謂著生產者能夠以較高的價格販售。

供給並不見得會因為大量的需求而提升，城市的房子往往有高度的需求，並因而推升價格。根據市場經濟的原則，對於這類房子的供給應該會增加，但供給增加的程度很少或不可能足以滿足需求，因為這些區域只有很少的空地。

就價格控制供給與需求這點而言，一個不完美的市場（就如同其字面的意思）當然還是市場，但其生產資源與產品的分配，會比理想中的模型更沒有效率，也更不公平。

雖然「市場」與「商業利益」這兩個詞常被混用，但「市場」並不等同於「商業利益」。

在現實中，市場經常與理想模型有所差距，現實的市場反映了生產者之間及生產者與消費者之間既有的經濟權力關係，而其權力關係很少像理想模型所假設的那麼平等，這可能會導致資源無效率，或甚至有時是有害地使用：當社會缺乏控制企業的能力時，擁有強大資本的企業可能會無情地濫用自然資源，並販賣有害或危險的產品。在勞工沒有權利或機會向雇主爭取利益的國家中，其薪資較低，工作環境也較不健康。

許多社會民主主義者過去與現在對於「市場」的批評，並不是對市場經濟本身的批評，而是對於現實市場不均衡的批評，或者更明確地說：批評的是資本利益可以在生產中支配其他利益，並藉此扭曲「市場」。

因此，這與反對市場經濟中生產者與消費者自由交易、消費者選擇自由或私人企業等原則是不同的，反對的是不平等的經濟權力關係。因此，提出建議措施以矯正這些不平等，創造不同生產利益之間的平衡，並不是要瓦解市場，而是要使現實的市場更符合理想模型，亦即權力關係平衡的前提。

平衡資本利益的措施包括環境立法、消費者立法、工時立法與工會的團體協約。其他例子像是反對競爭障礙與卡特爾化的立法，雖然私人企業原則上讚許競爭原則，但實際上大多數企業為了自己的利益，總是試圖將競爭降到最低，因為競爭總是有減少利潤或被逐出市場的風險。因此，需要立法以反對限制競爭的措施。

私人企業經常對其所謂的社會立法進行批判，認為它們干預了「市場」，並造成無效率。當然，必須小心不要讓法律創造不必要的「麻煩」，而且應該讓社會立法彈性運作並合理地符合它們的目的。不便與累贅的立法是不符合社會利益的，不應該支持。但如果我們更仔細地檢驗企業的批評，很明顯地大多數批評並不是關於這些麻煩或市場經濟，而是降低他們自行決策能力的立法與協議。

雖然許多右派人士與企業在使用「市場」這個詞時，好像「市場」就只等同於「私人企業」，但其實這兩個概念並不是同義詞。區分市場經濟的利益（其真正的意涵是不同利害關係人之間的互動）以及企業本身的利益，是很重要的一件事。

市場模型的缺陷

就商品與服務的生產與分配而言，市場經濟（其真正的意義）在許多方面都是一種優良的模式，它能夠以彈性的方式滿足消費者的需求，並且因應這些需求的改變。

然而，就像所有經濟模型一樣，市場經濟也有其限制。它可以處理許多問題，但無法處理所有問題，甚至不能處理社會經濟中所有重要的問題。

它無法管理缺少價格標籤的事物，例如空氣和水。如果不要讓「市場」浪費（或破壞）這些資源，那麼必須要給它們一個價格，以迫使企業節約使用——而這樣的價格無法由市場本身訂定，而是必須透過政治的方式。

另一個可能的方式是制訂這些事物使用的規則，然而同樣地，這也只能透過政治達成，而不是「市場」本身。

一般而言，市場很難處理買賣關係以外的問題，因此市場很難因應某些社會的挑戰，例如降低勞動生活中的性別差異，或減少對移民的歧視。這並不令人意外，因為這些都不是能夠透過價格機制，亦即市場運作機制所能解決的問題。

要透過市場滿足少數族群的利益是很困難的，因為其利潤通常都太低，在購買力分配非常不平等的國家，窮人甚至常常很難滿足其基本的食衣需求。

即使是在消費者購買力絕對平等分配的情況下，對於生產者而言，生產成千上萬人都需要的東西，其獲利通常還是比生產只有十個人想買的東西高——不論這產品對那十個人有多麼重要。

事實上，市場傾向於將焦點集中在最多購買者的中間階層，媒體就是一個明顯的例子。電視頻道幾乎多到數不完，但大多數都集中在同樣類型的節目上：娛樂、運動與新聞，因為這是多數大眾有興趣的，有機會吸引大量的廣告收入，所以，就我們所觀看的節目類型而言，市場並沒有提供太多的選擇自由，但它確實提供了在同一類型節目中，選擇不同頻道的自由。

可以更概括地說：市場從來都無法根據人們的需要進行分配，只是根據可轉化為金錢的需求來分配。企業總是將焦點放在那些經濟上最能獲利的需求，當然，私人企業的本質就是選擇生產有最大市場的東西。

市場的支持者——或是那些私人企業的代表——經常宣稱他們透過市場回應了大多數消費者的需求，從他們的觀點來看，龐大的需求就等同於龐大的需要。

至於龐大的需求是否真的能反映龐大的「需要」，或只是反映一般的消費願望，這是一個純哲學的問題，我們姑且不論。

但毫無疑問地，低的需求未必代表小的需要，拉丁美洲貧民窟的兒童經常沒有鞋子可穿，但上層階級卻或許可以每天逛街購買設計師品牌的衣服。這不代表貧民窟兒童對鞋子的需要低於上層階級對於最新時尚的需要，只代表上層階級有更多的錢可以購買。

因此，有些基本的需要不應該透過市場去滿足。

計畫經濟？

傳統社會主義「計畫經濟」的理念是基於這樣的想法：人們的消費需要是有可能以客觀方式決定的，例如需要多少公斤的肉、多少的麵包、多少用來做衣服的布料等等。實際上，這可以看成是一種配給的想法：對每個人分配一定項目、一定份額的物品。

這種想法出現在貧窮問題相當嚴重與普遍的年代，這是可以理解的，當時主要的問題是如何提供每個人足夠的基本必需品，例如食物與衣服、木柴及治病的藥品。在這種經濟水平較低的情況下，許多人對於有限種類的生活必需品有非常類似的需求，計畫經濟或許可以行的通。

但是一旦經濟成長，人民的收入超越基本必需品的程度時，個人的偏好與願望就會導致需求的差異化，而變得越來越難以預估需求。

對手扶椅相對於腳踏車或行動電話的需求，就如同對微波爐相對於滑雪板、外國水果或私人屋外植物的需求一樣，是很難根據客觀標準加以估計的。需求總是依個人的偏好而改變，當新科技創造新的產品或新的價格時，需求也會隨著改變。

要把這些納入任何五年計畫是不可能的——如果想這麼做，還可能產生一種風險，也就是阻礙創造更好或全新產品的科技發展。薪資與福利的上升給予人們更多金錢，可以根據他們自己的喜好去使用，而這會需要更加彈性的生產以及生產與消費者需求持續的互動。

有一些基本必需品在某程度上是可以準確預估的，根據個人的經濟購買力來決定如何滿足這些需求並不太合適。必須要記得市場所提供的選擇自由，總是在個人購買力的限制範圍之內。錢不多的人往往沒有什麼選擇，只能夠選擇放棄，但這樣的原則有時候不能在文明社會適用。

因此，必須根據其需要來分配，而不是根據財力所表現出的需求。這並不需要做到計畫經濟的程度，而是需要分配政策，或稅收所資助的社會保障。

這以某程度的配給為前提，因為稅金永遠不足以涵蓋所有東西。不喜歡「配給」概念的人可以改用「優先化」這個詞，我們在本章後面會再回到這個議題。

答案在於分配政策

食物與衣服是最基本的必需品之一，而文明社會通常會提供最基本的福利，以照顧那些無法靠自己維生的人。在現代福利國家中，最常見的方式是提供經濟支持，讓人們可以自行購買他們需要的基本必需品，其他重要「產品」的例子則像是提供照顧與教育等社會公用事業，這需要政治措施來進行公平分配，亦即根據需要而不是經濟力量分配，其前提為社會公用事業主要由稅收所資助，且社會制度能夠控制稅金分配的方式。

廣義而言，人民必須管理的最重要有限資源當然是環境，再高的利潤也無法取代新鮮的空氣與乾淨的水，我們不能從海裡捕撈超過存量容許範圍的魚，我們能夠排放多少溫室氣體，必須根據氣候所能容忍的程度，而不是根據排放可賺取多少金錢。

因此這些資源是不能由市場自行管理的，有必要制訂強制性的規定來規範「市場」管理自然資源的方式，「市場」是不會自己制訂這些規定的，必須透過政治過程來訂定，而且不能以「市場」的支付意願來作為出發點。

在當前的政治論辯中，市場經濟與政治管控經常被視為對立且互不相容的，但在現實中這兩者當然不是非此即彼，而是相輔相成。有些事情只有市場才能夠管理，而有一些則只有政策能夠做到——良好運作的經濟需要兩者的投入。如果政策企圖接管實際上屬於市場的功能，當然會出問題；不過從今日西方世界的論辯來看，可以這麼說，如果讓市場接管實際上應屬於公共功能與社會責任的事務，結果起碼會一樣糟。

有些事情是市場無法管理的，基於某些人類重要需求的考量，必須要有政治規則去管理那些無法被定價或透過價格機制分配的事物。

這是社會民主所代表的模式。

政策的市場化

市場與政策的劃分，並不只是關於哪些事務屬於市場，而哪些事務又屬於政策。市場已越來越進入政策運作的領域：例如有些人希望在公部門導入市場控制的機制，要求由私人企業管理稅收資助的活動以增加利潤。

在稅收資助部門中對於選擇自由的要求，會牽涉到私人生產者接管稅收資助事業生產的權利與能力問題——這樣的討論則會則涉及由需要（need）控制生產及由需求（demand）控制生產的差異。

對我們而言，稅收資助部門顯然必須要建立在多樣化與選擇自由的基礎上，其原因很簡單，因為每個人都不一樣，對某個人完美的方案，對另一個人不見得適合。在學校裡需要有不同的教學方式，才能讓每個孩子都有同等接受良好教育的機會；對於老人也應該根據他們個人的健康與意願，提供不同形式的居家協助。

同樣很顯然地，稅金的使用方式必須由那些對選民負責的人控制，使稅金能夠使用在它們的目的上！

無論在稅收資助部門或是個人家戶都一樣：金錢限制了選擇的自由。只有在資源無限的情況下，才可能會有無限的選擇自由，只要資源不是無限（永遠都不可能無限），就必須得在需要與願望之間彼此權衡，為了實現更重要的目標，必須要犧牲部分目標，可能的選擇方案是很有限的。

在個人家戶中，家庭會決定什麼是最重要的，節制較不重要的需求，並承擔其後果。在稅收資助的部門，這樣的考量必須納入政治─民主的過程，使所有公民都能在同等的條件下發揮影響：如果要把稅金用來達成某種目的，例如提供給所有人良好的照顧與教育，哪些投資是重要的，而為達到這些目的，又應該放棄哪些東西？

目前在教育部門中，私人企業已取得創設機構的自由權，並且正在往健康照顧的領域發展中，如果沒有引入任何市場矯正措施，以提高保障個別消費者的經濟責任，這會削弱控制成本的政治機制。這或許可以增加某些消費者的選擇自由，但這樣的效果也可能被抵銷，因為這也減少了公民選擇將共有資源投資在哪些最重要事物的機會，社區中新開辦的私立學校只對少數送孩子去就讀的家庭有意義，但對其他人則沒有太大意義——不過因為政府設立的學校減少了，這可能會增加其他人的成本，而這成本則由所有的學生共同承擔，納稅人選民必須要承擔他們沒有能力影響決定的後果。

要求對稅金的分配採取民主控制是非常重要的，這不只適用於社會保險，也適用於公共服務，民主控制的要求可以使某些人無法取得自由使用稅金的權利（這也是私人企業在公部門自由創設機構權利概念的一部分）。沒有任何銀行會只因為某人有設立新公司的想法，就有提供貸款的義務，銀行會要求檢驗想法的可行性。市與郡議會也必須以同樣的方式檢驗私人新設機構的想法，而且若不需要，就應該加以拒絕。提議這種創設自由權的人表示，決定是否要引入競爭者，是市／郡議會的決定。

市／郡議會當然有決定權，之後它們還必須支付，它們必須確保經費的使用可比私人企業有興趣的活動延續更久，而且關於哪些是他們能夠付的起的，也必須有最後的決定權，除此以外的方式在經濟上都是不合理的。

市／郡議會的主要任務並不是在私人企業間的公平分配。他們的主要任務是提供納稅人服務，而這正是徵稅的理由，這代表品質、效率以及對於新想法與新方案的開放是很重要的，但監督稅金的使用也很重要，因為稅金的分配會牽涉到一個無可避免的配額問題：永遠都沒有足夠的資源可以做所有的事——甚至連用在有好想法的事都不夠，總是需要決定優先順序。

政策與市場在處理經濟的限制時，有不同的機制，因為它們必須要以不同的機制處理。民主機制的運作，以及可能改善的方式，可以也應該經常被討論，但它們無法以市場的機制取代。

第六章 今日世界的社會民主

瑞典的勞工運動在工業社會中形成，它一開始是以反抗工業社會種種不正義的反對運動出現，並且將這個不正義的社會重新塑造為現代福利國家。福利國家理念中的平等思想為其指導原則，但支持福利國家的基本條件卻是工業社會所生產的資源，更進一步的條件則是經濟發展能夠在民族國家的架構下受到指導與控制。

正如我們在社會民主歷史的章節所描述，這些條件在許多面向上都已發生改變，而在某種程度上，這也意謂著政治民主發揮的機會減少了，而資本活動的機會卻增加了。

這樣的變化為社會民主帶來一項任務，亦即重新取回民主的行動自由，而同時我們也必須了解在今日與明日的社會中，政策運作的形式與方式將不會再像建立福利國家的時期一樣。

勞工運動也許不太容易接受這些條件的變化，幾十年來我們已習慣認為政策會穩定地朝向更美好的社會前進，沒有什麼能夠阻礙已經實行的改革，而且我們已確實掌控進一步擴展福利所需的工具。

從一九九〇年代起，維持福利與就業的困難就已開始日益顯著，起初以為這只是因為國家財政困窘所帶來的暫時性問題，但這些問題在經濟復甦後卻仍然持續，此時論辯大致分為兩種路線，兩者皆涉及方法與技術性的解決方案：

第一條路線認為問題在於社會民主已拋棄其福利國家時期的傳統政策模式，因此解決方案應回到福利國家的傳統政策。

根據第二個路線的看法，這些傳統政策並不適合今日的社會，因此認為解答方案應從加強市場思維及模仿市場的控制模式中尋求。

第三種看法在近年來開始出現——目前也許還沒有成熟——對於新解決方案

的探求，應建立在新現實狀況的分析，需要新形式且以社會民主理念為基礎的政策。

我們相信關於社會民主未來政策的論辯，必須從當前周遭世界的現實分析出發，包括政策操作空間已被壓縮的事實。

根據這樣的分析，可以以社會民主的意識形態為出發點，探討可能與合理的解決方案。

人們沒有理由接受右派的論點，認為當前的發展更需要市場，而較不需要民主支持的政策；這是一種出於意識形態或是受利益控制的說法。然而我們也必須接受，現今我們也需要其他形式的民主—政治管控。

在這樣的狀況下，社會民主面臨著兩種挑戰，第一種挑戰當然是新政策的形成。第二種則很顯然地是要繼續進行這樣的論述：政策是穩定與公平的社會所必須的，而這個任務永遠無法被市場所取代，更別說是市場上的資本利益。

這是我們作者二人深層的信念，我們認為公民之間的平等，是一個穩定且對改變保持開放態度的社會唯一可能的基礎。

在當前的論辯中，有許多人主張擴大公民之間分隔與差異帶來的好處。然而值得指出的是，這些人都是自認為處於分隔的正確那一邊的社會團體。他們忘記不平等是有代價的，必須要付出代價而且代價經常是昂貴的，而付出代價的是那些必須從事低薪且非常受限的工作的人、那些儘管辛苦工作卻永遠沒有足夠的錢「選擇」最便宜與最基本必需品以外東西的人、那些永遠買不起玩具與衣服給他們小孩，但富裕的朋友卻買的起的人、那些因為經濟的原因必須擠在狹小的公寓，且永遠沒有錢去旅行的人。

社會也必須付出代價，且最終會影響到那些自以為從不平等中獲得好處的人。經濟與社會的不平等製造了痛苦、爭執與對立；覺得自己被社會不當對待的人沒有理由忠於這個不尊重他們的社會，必須不斷與他人競爭才能確保自己的福利，會帶來人與人之間的不信任，要求個人隨時保持在最佳狀態以證明自己的價值，會造成個人的耗損。市場思維的擴大以及其對於生活條件所帶來的改變，很難看出對增進幸福與滿足有什麼幫助，相反地，關於憂慮、壓力與心理問題的報告正在增加，尤其是年輕人。

今日這個世界所面臨的許多國際與國內問題，都是由於不平等及其衍生出的緊張所引起的。擁護平等與公平的政策，不僅只是意識形態的問題而已，而是為了創造更和平與穩定的世界所不可或缺的。

新的現實

以下這些經濟與社會結構的重大轉變為政策創造了新的出發點：

- 不同的勞動市場：

大約在二十世紀中葉，工業佔了最高比例的就業，而今日即使把工業在其他部門中間接創造的就業納入，工業也僅佔了不到20％的就業，勞動市場的異質性更高了。

工作職務變得更加多變，對於專業知識的需求也提高了，不需經過任何訓練就可直接開始的非技術性工作也變得更少。

在許多行業中，工作時數延長到幾乎是全部或大部分的白天和夜晚，而在許多地方，對於季節性勞工的需求有很大的差異。

儘管物理上的工作環境已有許多改善，但在私部門與公部門中，更嚴苛的要求以及更緊湊的工作節奏將更多人排除在職場之外。

相較於一九六〇與一九七〇年代，對於多樣化、專業化與彈性的要求增加了，這也使制訂一體適用的勞工法（至少是有用的法律）變得更加困難。

勞動市場內的差距以及專業技能要求的提升，增加了擴大薪資差距的壓力，擴大的薪資差距已成為一九九〇年代後一項明顯的特點。

職場的排除代表福利系統必須面對難以解決的新需求，儘管解決的辦法應訴諸於職場本身的措施，而不是社會保險。

● 民族國家範圍的縮小：

正如同部分論者所宣稱，民族國家並沒有失去其重要性，但是相較於幾十年前，國家操縱經濟政策的空間已變得更小。

利率的高低主要由國際利率與周遭世界對瑞典經濟穩定性的信心程度所決定，瑞典銀行有一些操控的空間，但相較於一九五〇與一九六〇年代通常可根據國內狀況調整的狀況，空間變得更小了，因此與過去相比，比較難有機會透過利率的調整，抵抗市場狀態的變化。

這幾乎是不可能實施凱因斯主義（亦即在經濟衰退時增加政府預算，以增加經濟中的需求與就業）的原因之一，其危險在於這些措施會被認為使國家財政惡化，而導致市場利率的上升，而這會抵銷經濟刺激政策的效果。

同時，必須記住這種政策在一九七〇年代就已經開始失去其效力，因為這些政策所提升的購買力不再被用於購買國內生產的產品，亦即可提升瑞典勞動市場就業水準的產品。

現今的匯率是浮動的，而瑞典克朗的匯率是由國際商業趨勢、對瑞典經濟的信心程度、以及也可能是對於某些其他經濟體的信心缺乏程度所決定。

因此，要像一九七〇年代與八〇年代一樣修正瑞典經濟不平衡狀態（例如對於出口產業）的機會已經消失了。

總而言之，這意謂著一些在福利國家時期重要的政治—經濟政策工具，在今日已不存在。然而，在這裡也必須指出，即使在它們仍然存在的年代，它們也不是靈丹妙藥，能夠把工業生活中那些根本的缺陷都變不見；利率與匯率只是影響經濟活動趨勢的手段，但不是用來處理經濟結構性問題的方法。

科技發展、高品質的產品、受過良好訓練的勞工、有智慧的的勞動組織，以及沒有對瑞典的生產不利，使其被市場淘汰的成本趨勢，才是決定性的因素。在這些面向上的任何失敗，都是無法用利率或匯率的調整挽救的。

● 更艱困的國際競爭與彈性生產：

在進入一九七〇年代的前幾年，瑞典相對於其他的西歐國家有著競爭的優勢，領先的優勢使其得以維持稍高的物價與薪資水準。

然而這樣的領先早就已經喪失，薪資成長的速度必須分別因應周遭的世界調整。生產以不同的方式跨越國界：國際集團將工作外包到世界上許多不同的國家已經成為一種越來越普遍的型態。

● 更加分裂的社會：

當瑞典建立福利國家時，是一個同質性相當高的國家，這不僅指外來的移民很少，整個國家的工作場所與生活方式即使不是完全一樣，也是相當類似，尤其是大多數人對於未來的需求與願望非常接近：健康照顧的擴張、增加學校以提供兒童更好的教育機會、更好的居住環境、在老年、生病與失業時，有更好的經濟安全保障。

社會改革政策及其所需的稅賦增加能夠得到大多數民眾的支持，因為它們可以回應大多數民眾的實際需要，每個人都可以從改革中獲益，也因此每個人都願意付出。

需求的高度相似性代表可以採取相當標準化的方案，這在經濟上與組織上都相對容易處理。

但在今日，瑞典已經是一個更加異質化的國家，學校、照顧與教育都不再能像過去一樣，而必須根據個人及其他不同的需要差異化，當為同一雇主的長期就業已不再是勞動市場的常態時，健康與失業保險也會面臨新的需求。今日的社會福利確實是有些失敗的地方，總和起來有相當多人受到影響——但這些失敗的影響並不是對所有族群都一樣，需要有更特殊化的解決方案，但這些更個人化的解決方案或許會因為增加成本，而難以得到大多數人的支持。

由於幾個原因，對於稅收資助福利的需求正在成長：領退休金的人口比例與求學中的青年人數正在增加，醫療的進展使更嚴重的疾病得以治療，但這些治療經常都是昂貴的，要求更多的選擇自由及選擇方案也會推升成本。

領退休金人口與學生比例的增加代表就業人口（亦即工作繳稅的人）的比例正在下降。這會導致如何管理財政以支應需求成長的問題。這樣的問題受到職場排除的進一步強化，因為許多工作年齡的人口無法找到工作。

除此之外，可能還有一些國際對於降低稅賦的壓力，這或許不代表我們一定要降低稅賦，但有可能會使稅率難以提高。

● 新的階級型態：

福利國家時期的福利改革是建立在勞工階級與中產階級的聯盟之上，在當前的論辯中，有些人會把社會民主政策也應納入中產階級的概念當成是新的想法（有時甚至認為這是受到歐洲而不是北歐論辯的啟發），但其實這是早在一九二〇年代就已開始發展的舊策略，是「福利國家」概念中的一部分，政策並不特別針對勞工階級，而是針對全民。

其根本的理念是認為當牽涉到勞工與資本家就生產成果的分配，以及對於工作生活的影響時，勞工與中產階級作為薪資工作者，其實有共同的利益。

但新的階級型態正在興起，而這可能會影響這個聯盟的條件。「階級」是取決於經濟生活中所處的地位，尤其是在生產工具的控制上。今日各種不同形式的專業知識正在變成重要的生產工具——資本——而擁有這種資本的人在勞動生活中，能夠取得較強勢的地位，足以與大資本家相比。這個群體與傳統的資產階級及中產階級不同，如果這個新階級選擇與資產階級結盟，那麼將會影響到傳統中產階級與勞工階級的聯盟關係。

在勞工階級中也出現了轉變，技術勞工的地位可以說已經增強，然而與此同時，就業條件不穩定與低薪工作的比例也明顯增加，而短中期的失業已成為一種普遍的現象。

薪資較高的的專家階級對於廉價個人服務（洗衣、清潔、園藝、托育）的需求，也有可能會助長這樣的發展，從稅收補助家庭服務的要求，以及常聽到的，應投資更多於低薪工作以降低失業的呼聲，可以明顯地發現這樣的狀況。

這些階級型態的轉變對於未來分配政策的考量，具有重要的意義，當未來對於公部門的需求升高時，要在財務上資助這些需求將會越來越困難。

● 新的平等問題：

從一九六〇年代以來，男女之間的平等已成為社會民主的一項重要議題，這牽涉到女性進入有薪就業與經濟獨立的機會，因此需要社會托育服務的擴張。就業女性的比例從那時起就快速地上升，到了今日，女性就業的比例已與男性一樣高。然而，我們卻發現光是就業機會並不足以達到性別平等，男性仍然佔據著較高的職位，尤其是在私人企業，但卻有過高比例的女性在服務業工作，並處於較低的職位。就類似的工作來說，女性的薪資平均低於男性的薪資。

工作要求的提高對於家庭生活及兒童成長的環境帶來了更多的壓力，對於受過良好教育，並希望在工作升遷的男女而言，工作的要求使他們難以有足夠的時間滿足孩子的需要。與此同時，商業利益也造成了公共空間的性別化，年輕的女體被用來作為促進銷售的手段，尤其是在雜誌與電視節目上。整體而言，我們可以看到許多對於女性的要求——在工作上成功、美麗、有吸引力、而且要是一個好母親——這些要求製造了壓力，並進一步導致健康的問題。

如果男女在勞動生活的條件有明顯的差異，那麼同樣的狀況也適用在移民及瑞典出生的公民之間。移民有較高的失業風險，平均薪資也較低，有外國背景的人更容易在勞動市場中處於從屬的地位，或是在低於其教育水準的職業中工作。這有一部分可從語言上的困難來加以解釋，但很顯然在勞動生活中，確實對於移民有歧視的狀況。

勞動生活的條件也導致居住的隔離，尤其是在都會地區特別明顯，經濟條件的差異反映在居住上：經濟資源較少的人集中於某些區域，經常是在城市的外圍，而較有吸引力的地區，而主要由薪資較高與經濟資源較多的人所居住。實際上，這也對應到種族的區隔，因為移民經常處於低薪工作——或完全處於勞動市場之外——這使他們在居住市場上毫無選擇。

居住隔離——與勞動市場的排除——使得許多大城市的住宅區出現社會問題與隔離的特徵，這意謂著許多兒童在環境大幅劣於其他人的條件下成長，而這也反映在其較差的學業表現上。

傳統上，社會民主從階級的角度（亦即生產條件所創造的不平等）探討平等議題，以上我們所談到的平等議題，某部分也可視為階級的議題，因為這牽涉到某些人在勞動生活中處於從屬的地位，但這不僅僅是階級的議題。女性相較於男性，移民相較於瑞典出生的人，更容易處於這樣的從屬地位，這顯示了性別與種族背景扮演一種區隔的角色，並創造出不平等。

- 對環境考量更加嚴格的要求：

今日整個生產體系是建立在大量的且平價的能源供給之上。在未來，能源將會是比現在更加有限的資源——且或許會更加昂貴，這意謂著生產力的重大轉變，也將會影響社會結構。這也隱含著對於分配政策的影響，當資源變得更為稀少時，針對如何分配資源的競爭與衝突就會上升。而在對於能源需求上升的同時，降低能源消耗的要求也同時增加，這會使情況更加惡化。有越來越多的國家正在工業化，並希望分享他們所生產的福利——而這會需要能源。

這將會對環境政策，包括社會計畫產生全新的需求，而這些需求甚至或許不是我們今日所能預見的。能源政策一方面必須處理純技術性議題，像是轉變為更高效運用能源的社會，另一方面也必須提出更公平分配能源消耗的措施，這很可能需要對交通系統與居住型態進行大規模的改變——或許也包括因應環境全球化的改變。

挑戰

關於社會民主應如何因應這些不同的變化，我們並沒有既定的答案，也不認為就這些問題提出方案建議是我們的工作，方案必須由社會民主黨啟動勞工運動內部公開及深入的討論，並納入相關研究與選民的意見加以制訂。

但為了對這個論辯作出一些貢獻，我們希望能夠提出幾點以促進未來後續的討論，從新的環境與傳統的價值觀出發，就我們今日所面臨的挑戰，探討可能的處理方式。

- 經濟的國際化也需要政策的國際化。我們應該善加利用許多跨國組織的合作機會，像是聯合國（the UN）、世界貿易組織（WTO）與歐盟（the EU），國際社會民主應該影響並改變這些組織。

以歐盟為例，歐盟可以作為民主與社會對抗資本利益的一股力量，就如同它已經在做的——儘管只是做到一部分。今日歐盟機構的特徵為過度向市場意識形態靠攏，將社會利益與生產者的利益劃上等號，使得民主從屬於市場，而不是市場從屬於民主。

因此，在歐盟中努力加強薪資工作者與及消費者的利益是很重要的工作，這需要與其他國家的社會民主黨、工會及所有希望朝這個方向努力的一般民主政黨及組織共同合作。

國際合作也應包括建立跨國界的政治聯盟，例如就許多國家重要的議題形成輿論，支持發展中國家的工會也能夠對資本利益加以反制。

為了提醒這個議題的重要性，我們也想指出，必須加強人權、國際和平與穩定的工作——但這不代表目前社會民主黨的態度有所轉變。

- 工業發展不只提供大幅提升福利的機會，也牽涉到自然資源與生活環境的耗損，而有時甚至是直接的破壞，這已是長久以來眾所周知的事。在今日，關於能源保存的形式以及化石燃料替代方案的發展，很顯然有高度改變的需要，尤其是在能源的使用上。

這不只需要科技的改變，例如更高效使用能源的生產過程，房屋更好的隔熱設計、使用汽油以外的汽車燃料等，這也需要改變社會組織與人類生活的方式，也因此會帶來新型態的分配政策風險。

整個工業發展及其所創造的福利資源，都是建立在充裕、平價的能源供應之上，大眾生產的商品、汽車、飛機、更高標準的住宅、所有現代的通訊科技，都是以大規模的能源使用為基礎，將經濟的生產力提升到遠超過人類勞動力輸入可及的程度。這不只是型塑了工業生活，也型塑了整個社會，因此當能源使用的條件發生變化時，對社會與經濟都會帶來根本性的影響。

關於能源未來會變成什麼樣子，我們現在還無從得知，目前已有化石燃料的科技替代方案，這樣的科技創新當然會持續發展下去，但有些替代方案對環境也會產生影響，有的則需從其他重要的生產獲取能源，這對於它們可應用的程度也會帶來限制。至於其他的替代方案，至少目前的生產成本仍然較高。

關於能源與氣候的議題，目前有三種明顯的衝突：

第一種是根據傳統馬克思主義的分析，涉及生產本身的控制以及能源（的分配）。國際政策已經提供許多這種權力鬥爭的例子。大財團介入石油的生產、美國外交政策的一項重點取決於保護石油供給的需要、產油國努力維持對於供給與價格的控制、俄羅斯曾多次運用其天然氣資源對鄰國施加壓力等。

第二種衝突的主軸是介於各種不同類型的大規模、高耗能生產的大財團，以及要求這種生產至少要有大幅度改變（且最終或許是減少生產）的環境政策之間。一個典型的例子是汽車產業，其已展開密集的遊說，反對歐盟內企圖提高新車氣體排放標準的要求。另一個例子是航空業，特別是廉價航空。

第三個衝突點是介於消費者之間，對於氣候破壞的理解已使許多人準備好減少能源消耗，但也有許多團體希望淡化這個問題，不承認有改變生活方式的必要。如果以提升價格作為降低家庭能源消耗的主要工具，那麼將會產生一個問題，經濟狀況較佳的族群能夠繼續維持某程度的過度使用，而低薪的族群則將被迫縮減必要的使用，就像是勞工運動的初期一樣，當時許多勞工沒有足夠的錢以維持家中的溫暖。

所有這些衝突都可能導致經濟困難、政治衝突與社會緊張，而未必能為能源的生產及消費帶來更接近解決方案的必要改變。

這些衝突都無法透過「市場」解決，消費者需求的改變將繼續向企業傳達他們需要改變生產方式的訊息，但到目前為止，事實證明這是一個相當緩慢的過程，與實際的需要相比，這要花費太長的時間。我們也看到生產者利益集團多麼強烈地試圖抵抗改變，並減少改變的必要，近幾十年來，在推動更有效節能的生產過程，以及減少空氣與水中的殘餘物質排放上，已出現了一些進展，雖然這有一部分是市場機制運作的結果（亦即較高的能源價格），但主要卻是依賴更嚴格的環境政策要求。

在某些能源消耗具有戰略重要性的產業，所需要的改變是全面性的，即使個別企業有意願也無法獨自達成，這些改變需要龐大的投資、整體規劃與協調，而這些都超越買賣關係的範疇。

因此需要一些國內或國際的政治措施，特別是增加消費者對生產者壓力的政策，以降低溫室氣體的排放。

對於能源的權力鬥爭，當然會受到化石燃料有哪些替代方案所影響，這需要研究與科技發展工作的龐大投資，但若沒有許多國家的投入與協調，這些投資無法達到足夠的程度。然而，最重要的政治貢獻還是影響與改變能源的消費。

就產業減少能源密集生產過程這部分，或許可以透過價格的機制來推動：更昂貴的能源會使企業對於減少能源消耗產生強烈的興趣。

至於運輸系統、食物供給與房屋建設，情況則有所不同，或許會更複雜。

運輸系統需要進行轉變，應使用更多公共運輸並減少車輛的使用，這需要國際合作興建鐵路，以使跨國運輸更快速及更有效率，此外也需要在國內的大城市擴展公共運輸。到目前為止，國際合作改善鐵路交通運輸的速度仍然過於緩慢：國家聲望以及本國汽車工業與航空產業的考量似乎構成了合作的阻礙，必須加強歐盟內相關人員與組織的合作，以改善並加速發展。

都市的向外發展使工作與住家間經常有一段很長的通勤距離，如果使用汽車通勤不再那麼理所當然時，將會產生新通勤方案的特別需求。

所有這些都需要龐大的投資，因此如果能建立合作的夥伴關係，包括與私人投資者的合作也是很好的，然而提案與協調必須由政治層級處理——尤其是因為可以預期對其他類型運輸方案有強烈興趣的團體會提出反對。

當前的國際化有很大一部分是建立在運輸的擴大之上：世界各地的承包商可以連結到某特定產品的生產，而這些零件可能會長距離運輸到它們最後的組裝點。食物也經過長距離的運輸，而且有時候是雙向的：在北海捕到魚後，冷凍運輸到亞洲做成便利食品，再運回歐洲販售。

不同國家之間薪資水準的差異使運輸有利可圖，運輸成本被較低的生產成本抵銷。就經濟學而言，這樣的計算是正確的，但從氣候經濟學的角度，這並不合算，因為這會大幅增加二氧化碳的排放。新的運輸系統、更嚴格的排放要求以及汽油的替代燃料可減緩這個問題，但如果移動的成本增加、獲利下降，可以合理預期這種地理分隔的生產會減少。

食品生產就是一個可能會受到這種改變所影響的部門，當然，除了地域廣大的國家以外，大多數國家不可能完全只靠本國生產食品。但增加當地（或區域）生產食品的比例是可能也是必要的，這需要在國家與區域層級針對農業採取一些措施，而這樣的規劃必須從現在就開始。

住宅部門佔了瑞典相當高比例的能源消費，改善能源節約的措施雖然已相當成功，但由於住宅的總量在這段時間也同時增加，因此能源消費的總量並沒有太大改變。當能源的價格上升，可能會使某些家庭更難負擔目前大房子所需要的開支，這是為什麼需要政治方案影響能源公司定價的眾多原因之一，價格的上升當然可在減少一般消費上扮演重要角色，目前的定價方式提供了相當優渥的利潤，但當價格提高時，不應該把這樣的優惠當成理所當然。

在目前強烈強調「市場」與「私人企業」的狀況下，能源領域所需的巨大將改變政策與市場之間的角色，市場機制當然有其扮演的角色：能源價格的提升會影響生產者與消費者的行為，而促使他們節約能源，而且消費者需求的改變也會改變生產的方向，但目前的市場的運作非常受到限制，特別是當龐大的資本利益與目前許多能源的生產與消費連結時，市場的反應是相當遲鈍的。但仍有一些重要的整體措施完全處於私人企業的控制範圍之外，這些措施只能透過政治來實施，由於這些轉變會影響人們的生活方式，這也牽涉到輿論的塑造：因為將這些觀點與理解傳播出去是必要的——應該從現在就開始。

- 所有西方工業化國家的一個明顯特點是勞動市場的排除，這一部分是因為更為艱困的國際競爭要求低物價與低薪資成長，這對失業的增加產生關鍵性的影響，在勞動市場以外的人口比例超過了登記的失業人口，青年難以進入勞動市場，而失去工作的高齡人口也難以找到新的工作。現今缺乏資格認證的人一般而言較難找到工作，移民也是一樣。勞動生活的的快速步調與更嚴格的要求，也代表只要有一點傷病或健康問題，就會成為工作的阻礙。這些要求也導致勞工更大的耗損。

近年來的論辯傾向於從過於優渥的社會系統解釋這個問題：當疾病給付與失業給付相對較高時，就業並不划算，因此其解決方案在於削減給付，以迫使人們回去工作。

有許多意見反對這樣的解釋：首先，在經濟合作暨發展組織（OECD）國家的比較研究中，顯示有兩種國家的勞動參與程度最高：北歐國家提供了慷慨的失業給付以及積極性勞動市場政策；而盎格魯—薩克遜國家（英國、愛爾蘭與美國）提供非常低的給付。因此，失業給付的程度與失業的程度並沒有必然的關連，沒有證據保證降低失業給付，失業就會隨著下降。

第二，這些研究顯示不論是哪一種類型的福利系統，勞動市場排除的問題出現在所有的國家，儘管北歐與盎格魯—薩克遜國家有非常不同的社會安全系統，它們的就業率卻非常類似。

由此我們可以推論，那些提供低給付水準的國家同樣有難以幫助某些群體就業的問題，這些群體基於不同的因素，而難以在就業市場上競爭。換另一種說法就是，就業的排除是勞動市場結構的問題，而不是社會安全系統的問題。在所有國家，不管其給付的規則為何，同樣的群體都有難以進入勞動市場的問題。

因此，社會民主政策應該處裡的問題是勞動市場的結構與以及勞動生活的條件。

低教育水準或教育背景不符合勞動市場的需求，是進入就業最常見的阻礙，這使成人教育的投資與勞動市場的訓練變得更為重要。在經濟衰退時，教育很顯然並無法降低失業，這在瑞典1990年代的經濟危機時，就已經明確地體驗過（雖然當經濟趨勢改變時，許多人的就業機會將會改善）。當低教育程度變成個人進入勞動市場的阻礙時，訓練當然就成了一項有效的工具，審慎地對成人教育與勞動市場訓練進行投資，是未來社會民主政策非常重要的一部分。

健康問題也是進入勞動市場的一項阻礙，不見得要是特別嚴重的問題，雇主就可能會對雇用產生疑慮。在目前對於工作的嚴格要求下，個人必須要整天都維持在最佳狀態，無法滿足這些要求的人，即使他們只是有一點稍微不足的地方，就很容易被排除在勞動市場之外。

企業對專業化要求的提升更強化了這樣的狀況，相較於幾十年前，企業更少提供員工在內部轉移職務的機會，因此可選擇的就只剩下病假或是解僱。

這樣的問題並無法透過削減失業給付解決，而是要改變工作場所的組織，例如改善人力運用的安排以及工作的時間規劃。許多無法百分之百付出在工作的人，還是可以做到百分之九十或八十，但工作的規劃卻經常不允許如此。當然，會有一些部分工時工作、更多計時工作與非正式工作，但這些往往不是屬於組織性的人力運用安排，計時與非正式工作經常只是用來填補臨時的人力空缺，而不是針對工作能力稍微減少的人所安排的工作。

臨時性工作，特別是計時與非正式工作正在增加中，這有部分是為了回應企業對於更高彈性的現實需求，但也有部分是雇主在利用目前人力過剩的事實。

臨時性工作對於受僱者而言有幾項缺點，特別是難以規劃財務，除此之外也有可能增加短期失業，因為在不同的臨時性工作之間，經常會有段失業的期間。

限制臨時性就業的立法或許有其必要性，但最好是能夠透過雇主、工會與就業服務機構的新合作形式，以達成良好的工作組織與人事規劃。

在今日所處的環境中，企業無可避免地會有變動其人事的實際需求，也因此對於這些企業，有必要建立某種制度，讓這些需求與合理安全的工作及薪資條件能夠結合在一起。在健康照顧部門與大公司中建立長期的人力供給庫是一種可能的方式，人力派遣公司的模式也有幫助（在有團體協約保障基本薪資的前提下），也可能加以發展。

就業的議題並不只涉及讓更多人進入就業，也牽涉到他們應該從事什麼樣的工作。在目前的論辯中，其中一種主流的觀點認為必須讓低薪服務業工作成長，亦即某種程度上支持美國就業成長的那種工作。

對於那些可以透過低薪服務業工作取得更多平價服務的人，這當然是有利的，但對於從事這些工作，經濟生活條件比其他人更差的人來說，這有著明顯的缺點。就如同我們在先前已指出過的，這是一種不平等，而有產生社會緊張與問題的風險。這是社會民主的勞動市場政策不把焦點放在這些工作的原因，我們希望減少而不是擴大階級差異，因此勞動條件是一項主要的議題。

另外還有一些其他的原因：低薪工作與非技術工作的擴大並不是經濟成長的穩定基礎。瑞典作為一個經濟體，其競爭力高度依賴更多技術性、以知識為基礎的工作，這需要我們大幅增加研究與發展的投資，以及將研究結果轉為實際改變生產的措施。

重新改造能源部門所需的改變，能夠提供更多機會創造新的技術工作，不只是技術專家，也包括專業勞工與技工。隨著有更多這樣的工作，稅收資源與私人消費也會跟著增加——基於此也能夠有機會提供服務業工作合理的薪資。

因此，能源政策與就業政策的連結是一項重要的策略。

- 這是個有點不可思議的趨勢，在今日的論辯中，「市場」被認為是相較於民主與政策，更有助於公民發揮影響的工具。然而，市場雖然能夠滿足顧客與消費者的利益。但公民利益所涉及的卻比能夠買賣的商品更多，因此作為一個影響社會的管道，「市場」太過狹隘而永遠無法滿足民主的需要。

加強市場影響的要求，固然有部分是商業利益企圖擴展其對社會影響的一種表現，但脫離政治制度的運動卻也反映了一種在傳統政治以外，以其他形式參與社會的真實願望。這個問題無法透過把政策交給「市場」來解決，而是應該要擴展實際參與社會工作的機會。

雖然社會的公共事務最終還是必須經過政治決策組織的管道決定，但並不是所有的社會參與都必須與政治制度連結。不同類型的志願組織，包括小型的地方性組織與大型的全國性組織，對於青年的休閒環境、文化生活、鄰里安全、至融合政策成功的可能性及更多面向，都能夠有決定性的影響。

很顯然地，志願組織在社會工作中有時也能夠發揮官方做不到的功能，例如女性的庇護所或健康照顧中的家庭協會。

公部門與志願組織之間需要發展進一步的合作，一方面是因為其對於社會發展的實際重要性，另一方面則是因為這樣的合作給了更多人參與民主的機會。

- 衝突增加的風險：在未來數十年中，當對稅收資助的服務需求上升，又未必能夠同等增加稅收時，分配政策會產生衝突增加的風險。這強調了在政治上控制稅金的重要性，若沒有這樣的控制，會造成無法設定分配政策的優先順位。同樣地，不應該分割基本的組織，否則會無法協調健康照顧或教育系統不同部分的資源，另外還需要採取一些措施以加強協調。在某些方面，市與郡議會已經出現共同責任的協調問題，私有化意謂著會有更多利害關係人需要進行協調，因此沒有理由進行私有化而繼續增強這些問題。相對地，對於那些目前複雜且缺乏明確責任分配的合作結構，應該加以檢視並精簡。

對於稅金資助服務的需求非常多，而且這樣的需求仍在成長中。今日的論辯主要有兩種方向，第一種認為應設定更嚴格的規則、加強控制以及減少個人化的服務以降低成本，這部分主要是涉及健康與失業保險。第二種方向則是認為應該增加資源，提高品質以及提升服務的差異化，以適應個人需求，這主要適用於學校、健康服務與照顧。就社會保險與社會服務的成本控制及規範架構，不可能適用兩套如此不同的原則，關於錢要用在哪些地方，以及個人需要與條件差異化的範圍，兩者都需要有明確的規則。

在這兩種狀況，就個人需要的適應，以及福利系統提供的基本服務以外的附加期待，這兩者有必要加以區分。學校必須提供矯正教學以適應個人需要，但不能就選修的學習或學校的選擇，提供無限制的選擇機會，如果後者被當作優先事項而犧牲了前者，那麼分配就會受到扭曲。

一個越來越多樣化的社會會對公共預算提出許多以及更多不同的要求，我們今日已經可以看到這樣的現象。一方面，我們有城市郊區對於改善社會基本條件的大量需要；另一方面，我們也有受過良好教育、薪資優渥的中產階級，要求提供更多選擇與替代方案。

這兩種要求都有很好的理由，然而我們卻未必有足夠的錢來滿足兩者。

要維持長治久安的公平分配政策，有必要強調在提供附加服務前，必須先滿足福利系統的基本目標，這需要社會民主黨勇於釐清哪些是必須優先處理的，以及能夠解釋為什麼某些需求相對於其他的需求，應該更被優先考慮。福利政策不可能做到所有的好事，福利政策的目的是要提供每個人基本的安全以及良好的生活機會，而這是納稅人的錢應該被使用的地方。

社會民主是什麼？
瑞典的實踐與挑戰

作者　英瓦爾·卡爾松、安－瑪麗·林格倫
Ingvar Carlsson & Anne-Marie Lindgren
譯者　蔡培元
封面設計　蘇品銓、柳捲
內文排版　蘇品銓、柳捲
編輯小組　孫友聯、張烽益、洪敬舒、楊書瑋
編輯委員　蔡培元、柯妧青、黃水泉、白正憲、董建宏、吳玉祥
吳昭呈、陳明仁、黃曉玲、鄭雅文、管紹君、鄭力軒
林宗弘、黃玫玲　張謝庭　林進勇　朱傳炳　許守活
孫一信、黃昱凱
定價　200 元
ISBN　978-986-88707-3-4

出版　台灣勞工陣線協會
Taiwan Labour Front
100 台北市中正區林森南路 4-2 號 4 樓
TEL 02-23217648　**FAX** 02-23914232
WEB http://labor.ngo.tw/
E-Mail labornet51@gmail.com

一版一刷 2018 年 1 月出版